200 recettes pour le Ramadan

ideo

Tableau des symboles :

Temps de préparation

Temps de cuisson

Temps de réfrigération

Temps de repos

Nombre de personnes

Crédits des photographies :
Shutterstock et Studio City

ISBN : 978-2-8246-0323-0
Code Hachette : 51 1993 8

Rayon : Cuisine
Catalogue et manuscrits :
www.city-editions.com

Dépôt légal : deuxième trimestre 2013
Imprimé en France
par France Quercy, 46090 Mercuès
N° d'impression : 60497

Les recettes

Entrées et légumes

Les bricks

Les soupes

Les tajines

Pâtes, riz et semoules

Les viandes

Les poissons

Les desserts

Mise en bouche

Neuvième mois du calendrier islamique, le ramadan est un mois sacré pour tous les musulmans. En effet, du lever au coucher du soleil, ils s'abstiennent de boire et de manger. Pendant la journée, les femmes préparent le repas, composé d'un ensemble de plats et spécialités qui seront servis dans une chronologie bien étudiée et rodée depuis des millénaires.
À la tombée de la nuit, famille et amis se réunissent pour partager un repas aux plats parfumés et savoureux.
La rupture du jeûne débute par quelques dattes accompagnées de lait, un apport rapide d'énergie nécessaire en cette fin de journée.
Ensuite, la chorba, soupe traditionnelle du ramadan qui ouvre le festin, puis arrivent des plats plus consistants comme les bricks et les tajines... Quelques gourmandises sont enfin dégustées : la basboussa, les makrouts et les cornes de gazelle, grands classiques de la pâtisserie orientale, se savourent lentement, après une petite pause et tout le long de la soirée, avec du thé à la menthe. Le matin, juste avant l'aube, il est conseillé de consommer du couscous sucré à la cannelle ou un petit déjeuner approprié avec de petites brioches ou galettes faites maison, et ce, afin de préparer son organisme à la journée de jeûne.
Les soirées du ramadan sont particulièrement animées : les gens veillent tard afin de profiter de tous ces bienfaits alimentaires... les yeux plus gros que le ventre et regrettant certainement le matin la petite douceur qu'ils n'ont pas goûtée la veille !

Ce mois sacré est un moment spirituel intense, festif et familial. Cette période active et créative en matière culinaire vous est proposée dans cet ouvrage à travers 200 recettes, toutes aussi savoureuses et surprenantes. Entrez dans le monde des 1 000 et une nuits, et découvrez le mois du goût !

Les épices et les condiments utilisés

Il est conseillé d'acheter vos condiments dans les épiceries spécialisées arabes et turques, ces produits sont de très bonne qualité, à un prix modique.

L'ail : il sert à relever le goût d'un grand nombre de recettes culinaires orientales : salades, soupes, tajines, viandes saucées, poissons… Les pays arabes aiment l'utiliser pour relever les sauces tomate qui accompagnent les légumes, les féculents et les viandes.

L'anis : ou encore appelé « graine de fenouil », en graines ou en poudre, noir ou blanc, il parfume certaines pâtisseries, les boissons tel le thé mais surtout le pain maison.

La cannelle : c'est une écorce aromatique très utilisée dans les pays du Maghreb et du Moyen

Orient pour ses saveurs. Elle se mêle agréablement aux plats à base de viandes en sauce et parfume les pâtisseries.

Le citron : très employé en cuisine, il assaisonne les soupes mais aussi les salades, les bricks, les poissons grillés et les boissons.

La coriandre :

- sous forme de graines, aux saveurs acre et sucrée, elle est souvent utilisée avec d'autres épices pour former un condiment composé comme le tabil ou ras el hanout.
- sous forme de feuilles, elle est utilisée pour aromatiser et relever les tajines, les chorbas et ragoûts à base de légumes verts, ses feuilles sont extrêmement parfumées.

Le cumin : ses graines, d'une odeur très aromatique et d'une saveur spéciale, parfument les poissons, mais aussi les chorbas.

L'eau de fleur d'oranger : l'utilisation principale de cette eau est de parfumer les entremets sucrés et les pâtisseries traditionnelles, elle est également appréciée dans les boissons rafraîchissantes.

Les graines de sésame : grillées, elles sont ajoutées au pain du Moyen Orient. Leur goût particulier est très recherché dans la confection des gâteaux (griweches, sablés...)

La harissa : ce condiment, à base de piment, est employé pour les plats en sauce rouge dont il relève le goût. Il est composé de piment rouge, sel, ail, tomate et carvi.

La menthe : très odorante et d'une saveur très agréable, elle constitue un condiment végétal incontournable dans les cuisines arabes. Les feuilles fraîches servent à aromatiser les boissons comme le traditionnel thé à la menthe. Les feuilles sèches parfument certaines chorbas, les ragoûts et les salades.

L'oignon : il est de loin le condiment le plus utilisé dans la cuisine du monde arabe. Il est très apprécié pour sa saveur piquante et rares sont les préparations de plats salés qui ne nécessitent pas son utilisation.

Le piment frais : il se retrouve dans de nombreux plats orientaux, sa saveur piquante est brûlante. Il est la base de la préparation de la harissa.

Le piment rouge sec : séché, équeuté, épépiné et moulu. Très relevé, il est utilisé dans la majorité des plats traditionnels, en complément du poivre noir.

Le piment doux : ce piment se rapproche du poivron, il est séché et moulu. De couleur rouge, en plus de sa saveur, il est utilisé pour colorer les plats et donne ainsi un aspect plus appétissant.

Le persil : pour les farces et en garniture de salades et de plats, mais il est très souvent remplacé, dans les pays arabes, par les feuilles de coriandre, plus appréciées que le persil.

Le poivre noir : sa saveur brûlante relève particulièrement les aliments, notamment les viandes rouges et blanches.

Le ras el hanout : il s'agit d'un mélange d'épices très finement moulu, utilisé dans les préparations à base de viandes. Le ras el hanout diffère d'un pays à un autre, en effet, il est composé au Maghreb de 7 épices (poivre noir, paprika, coriandre, cannelle, cumin, clou de girofle et curcuma). Au Moyen Orient de 5 épices : (cannelle, clou de girofle, muscade, gingembre et poivre noir). En Orient de 5 épices : (graines de cardamome, poivre noir, cumin, piment rouge et cannelle).

Le safran : on dit du safran qu'il stimule l'appétit, sa couleur jaune vif donne une coloration très appréciée dans les mets sucrés ou salés. Il aromatise surtout les tajines et les ragoûts.

Les pains

Pain au yaourt (pain turc)

40 minutes
25 minutes
1 h 30
2 pains

Un petit pain moelleux
du Bosphore à partager.

500 g de farine

1 yaourt nature

15 g de levure de boulanger

2 c. à s. d'huile d'olive

20 cl d'eau tiède

1 c. à c. de sucre en poudre

1 c. à c. de sel

1. Délayez la levure et le sucre dans 15 cl d'eau tiède.

2. Versez dans le bol du robot pétrisseur la farine, le sel, l'huile d'olive, le yaourt et 5 cl d'eau tiède. Pétrissez 2 minutes puis ajoutez le mélange eau-levure-sucre.

3. Continuez à pétrir pendant 10 minutes, jusqu'à obtenir une pâte lisse qui se décolle facilement de la paroi. Transvasez la pâte dans un grand saladier. Couvrez et laissez reposer pendant 1 heure. La pâte doit doubler de volume.

4. Recouvrez la plaque du four de papier sulfurisé. Préchauffez le four th. 6 (180 °C).

5. Pétrissez de nouveau la pâte sur un plan de travail fariné. Formez 2 boules de pâte. Abaissez, sur la plaque du four, la 1re boule sur une épaisseur de 2 cm.

6. Badigeonnez la surface d'œuf battu. Parsemez de graines de sésame. Laissez reposer 30 minutes à température ambiante. Faites cuire 25 minutes au four. Recommencez l'opération pour la 2e boule.

• Notes :

Le pain matlouh

Vous régalerez tout le monde
avec ce pain traditionnel.

20 minutes
20 minutes/pain
1 heure
3 pains

600 g de semoule fine

200 g de farine

30 g de levure de boulanger

1 c. à s. d'huile

30 cl d'eau tiède environ

1 c. à s. de sel

1. Délayez la levure dans un verre d'eau tiède.
2. Mélangez la semoule avec la farine, le sel et l'huile. Frottez bien entre vos mains puis incorporez le mélange eau/levure.
3. Mouillez d'eau, peu à peu, en pétrissant énergiquement la pâte pendant 20 minutes, jusqu'à obtenir une pâte lisse et molle.
4. Divisez la pâte en 3 parts égales. Déposez chaque boule de pâte sur un torchon propre. Abaissez chaque boule sur une épaisseur de 3 cm.
5. Couvrez et laissez reposer 1 heure à température ambiante. La pâte doit doubler de volume.
6. Chauffez une grande poêle antiadhésive ou une plaque de cuisson en fonte. Faites cuire les pains des 2 côtés, jusqu'à ce qu'ils soient légèrement dorés sur le dessus (10 minutes de chaque côté).
7. Servez tiède ou froid.

• Notes :

Brioches à l'ail

40 minutes
20 minutes
1 h 30
10 petites brioches

Des brioches qui accompagneront délicieusement les salades exotiques.

60 g de beurre mou
8 gousses d'ail
2 c. à c. de persil séché (ou frais)
Sel

Pour la pâte :
400 g de farine
26 cl de lait tiède
30 g de beurre fondu
20 g de sucre en poudre
20 g de levure de boulanger
½ c. à c. de sel

- Notes :

....
....
....
....
....

1. Préparez la pâte : délayez la levure dans 10 cl de lait tiède.

2. Mélangez la farine avec le sucre et le sel. Ajoutez le beurre fondu et frottez bien entre vos mains. Incorporez le mélange lait/levure. Travaillez la pâte à la main.

3. Mouillez avec le restant de lait, peu à peu, en pétrissant énergiquement la pâte pendant 20 minutes, jusqu'à obtenir une pâte lisse. Couvrez et laissez reposer pendant 1 heure. La pâte doit doubler de volume.

4. Pendant ce temps, pelez et retirez le cœur des gousses d'ail. Déposez-les dans le bol du blender. Ajoutez 60 g de beurre mou et le persil. Hachez le tout jusqu'à obtenir une crème. Réservez. Recouvrez la plaque du four de papier sulfurisé. Préchauffez le four th. 6 (180 °C).

5. Divisez la pâte en 10 parts égales. Déposez-les sur la plaque. Couvrez et laissez reposer 30 minutes à température ambiante.

6. À l'aide d'un couteau, faites une longue entaille dans les boules de pâte puis garnissez-les de crème d'ail au persil. Faites cuire 20 minutes au four.

Kesra mbessa (galette fine de semoule)

15 minutes
8 minutes/galette
4 galettes

Une bonne galette faite maison
réalisée en un clin d'œil.

1. Mélangez, dans un grand plat, la semoule avec la farine, le sel et la levure chimique. Ajoutez l'huile et le lait.

2. Travaillez le mélange avec vos mains puis ajoutez un peu d'eau, jusqu'à obtenir une pâte malléable. Divisez-la en 4 boules.

3. Chauffez la plaque en fonte (ou la poêle) sur le feu.

4. Parsemez le plan de travail de semoule. Étalez une boule de pâte à l'aide d'un rouleau, sur une épaisseur d'1 cm.

5. Déposez délicatement la galette sur la plaque et faites cuire des 2 côtés. La galette doit être légèrement dorée.

6. Servez tiède ou froid.

2 bols de semoule fine

1 bol de farine

1 sachet de levure chimique

1 verre de lait

1 verre d'huile (ou beurre fondu)

10 cl d'eau tiède

1 c. à s. de sel

• Notes :

....

....

....

....

....

Naans à la coriandre

15 minutes
5 minutes/naan
1 h 15
8 naans

Des naans qui vous surprendront !

450 g de farine
25 cl de lait tiède
1 œuf
2 c. à c. de sucre en poudre
1 c. à c. de levure chimique
2 c. à s. d'huile
8 c. à s. de beurre fondu
½ botte de coriandre hachée
1 c. à c. de sel

1. Dans un bol, fouettez l'œuf avec l'huile et le lait.

2. Mélangez la farine avec le sel, le sucre et la levure chimique. Incorporez, peu à peu, le mélange liquide en pétrissant la pâte avec vos mains jusqu'à obtenir une pâte malléable que vous mettrez en boule.
Couvrez la pâte avec un film alimentaire et laissez reposer 1 heure.

3. Divisez la pâte en 8 boules égales et laissez reposer 15 minutes.
Préchauffez le four th. 8 (240 °C).

4. À l'aide d'un rouleau, abaissez chaque boule sur une épaisseur de 1 cm.
Parsemez de coriandre et passez le rouleau pour que celle-ci adhère à la pâte.

5. Piquez la pâte à la fourchette puis faites cuire 5 minutes au four. Sortez les naans du four et beurrez-les à l'aide d'un pinceau.

6. Couvrez les naans jusqu'au moment de servir.

Variante : faites cuire les naans à la poêle ou à la plancha.

• Notes :

....

....

....

....

....

Pain maison

Indispensable pour apprécier la chorba.

25 minutes
40 minutes
1 heure
2 gros pains

1. Délayez la levure dans un verre d'eau tiède.
2. Battez les œufs en omelette, dans un saladier, puis incorporez l'huile, le sucre et la levure délayée.
3. Mélangez, dans un grand plat, la farine tamisée, la semoule et le sel. Faites un puits au centre et versez-y le mélange œufs-huile-sucre-levure. Amalgamez le tout avec vos mains.
4. Arrosez d'eau tiède, et travaillez énergiquement la pâte au fouet électrique (ou au robot), jusqu'à obtenir une pâte très molle et homogène.
5. Beurrez 2 grands moules ronds de 30 cm de diamètre. Répartissez la pâte dans les moules. Couvrez et laissez reposer au moins 1 heure à température ambiante. La pâte doit doubler de volume.
6. Préchauffez le four th. 6 (180 °C). Dorez les pâtes à pain de jaune d'œuf et saupoudrez-les de graines de nigelle.
7. Faites cuire 40 minutes au four, jusqu'à ce que le dessus des pains soit bien doré.
8. Servez tiède ou froid.

700 g de semoule fine

300 g de farine

50 g de levure de boulanger

50 g de sucre en poudre (facultatif)

3 œufs + 2 jaunes d'œufs

25 cl d'huile

50 cl d'eau tiède environ

Graines de nigelle (ou d'anis)

Sel

- Notes :

Galettes à la menthe

20 minutes
8 minutes
4 petites galettes

Originales et tellement bonnes…

750 g de semoule moyenne

1 belle botte de menthe fraîche

1 oignon moyen

2 gousses d'ail

15 cl d'huile d'olive

10 cl d'eau

2 gousses d'ail

½ c. à c. de sel

• Notes :

....

....

....

....

....

1. Rincez les feuilles de menthe. Pelez l'oignon et les gousses d'ail. Coupez-les en 4 et placez-les dans le bol du blender. Ajoutez la menthe et hachez finement le tout.

2. Mélangez, dans un grand plat, la semoule avec l'huile d'olive et le sel. Travaillez le mélange avec vos mains puis ajoutez la préparation à la menthe.

3. Pétrissez la pâte, en ajoutant un peu d'eau, jusqu'à obtenir une pâte malléable. Divisez-la en 4 boules.

4. Chauffez la plaque en fonte (ou la poêle) sur le feu.

5. Parsemez le plan de travail de semoule. Étalez une boule de pâte à l'aide d'un rouleau, sur une épaisseur d'1 cm.

6. Déposez délicatement la galette sur la plaque et faites cuire des 2 côtés. La galette doit être légèrement dorée.

7. Servez tiède ou froid.

Petits pains au sésame

Savourez-les avec un plat mijoté en tajine.

45 minutes
35 minutes
1 h 15
10 brioches

1. Versez les ingrédients dans la machine à pain et lancez le programme « pâte ». Si vous n'avez pas de machine à pain : délayez la levure dans le lait tiède.

2. Mélangez la farine avec la semoule et le sel dans une jatte. Incorporez le beurre fondu, le sucre et les œufs. Frottez bien entre vos mains. Ajoutez enfin le mélange lait-levure-sucre et pétrissez la pâte pendant 20 minutes, jusqu'à obtenir une pâte molle et lisse.

3. Couvrez et laissez reposer à l'abri des courants d'air pendant 45 minutes. La pâte doit doubler de volume. Pétrissez à nouveau, puis façonnez des boules que vous déposerez sur la plaque du four. Laissez lever 30 minutes à l'abri des courants d'air.

4. Préchauffez le four th. 6 (180 °C). Badigeonnez les brioches de jaune d'œuf et saupoudrez de graines de sésame.

5. Faites cuire 35 minutes au four, jusqu'à ce que les petits pains soient bien dorés. Laissez refroidir sur une grille.

Variante : remplacez les graines de sésame par des graines de nigelle.

600 g de farine

20 cl de lait

100 g de beurre fondu (ou huile)

2 œufs (+ 1 jaune pour dorer)

100 g de sucre

20 g de levure de boulangerie

50 g de graines de sésame

Sel

- Notes :

....

....

....

....

....

Pain aux olives et herbes de Provence

40 minutes
30 minutes
1 h 30
8 petits pains

Il accompagnera
à merveille les plats en sauce.

- 500 g de farine
- 20 g de levure de boulanger
- 1 c. à s. de levure chimique
- 6 c. à s. d'huile d'olive
- 1 c. à s. de sucre
- 1 c. à s. d'herbes de Provence
- 4 c. à s. de lait
- 2 c. à s. de parmesan râpé
- 1 c. à c. de paprika
- 20 cl d'eau tiède (environ)
- 1 c. à s. de sel
- Quelques olives noires et vertes

• Notes :

....

....

....

....

....

1. Coupez les olives en 2.

2. Délayez la levure et le sucre dans un bol d'eau tiède.

3. Mélangez la farine avec la levure chimique et le sel. Ajoutez l'huile d'olive et frottez bien entre vos mains. Incorporez le mélange eau-sucre-levure, peu à peu, en pétrissant énergiquement pendant 20 minutes, jusqu'à obtenir une pâte lisse et malléable.

4. Couvrez et laissez reposer pendant 1 heure. La pâte doit doubler de volume.

5. Recouvrez la plaque du four de papier sulfurisé. Préchauffez le four th. 6 (180 °C).

6. Divisez la pâte en 8 parts égales. Déposez-les sur la plaque. Badigeonnez-les de lait puis saupoudrez-les d'herbes de Provence, de parmesan et de paprika.

7. Couvrez et laissez reposer 30 minutes à température ambiante.

8. Faites cuire 30 minutes au four.

Carré de pâte farci

1. Versez la semoule, le sel et l'eau dans un robot pétrisseur. Laissez pétrir 15 à 20 minutes. Si vous n'avez pas de robot : versez la semoule dans un grand plat. Ajoutez le sel et arrosez d'eau en pétrissant longuement jusqu'à obtenir une pâte élastique, très molle et non collante. Ajoutez de l'eau si nécessaire. Couvrez et laissez reposer au moins 2 heures au frais.

2. Pendant ce temps, préparez la farce : chauffez l'huile d'olive dans une casserole et faites-y revenir les poivrons coupés en fines lanières, les oignons émincés et les gousses d'ail hachées. Ajoutez la harissa, le sucre, la chair et le concentré de tomates. Relevez avec le sel, le poivre et le cumin. Faites mijoter jusqu'à ce que la sauce réduise et s'épaississe. Laissez refroidir.

3. Retirez la pâte du réfrigérateur. Huilez vos mains et façonnez des boules de pâte de la taille d'une mandarine, en pressant la pâte entre le pouce et l'index. Déposez-les au fur et à mesure sur un plateau huilé. Huilez le plan de travail. Prenez une 1re boule et étalez-la avec la main droite jusqu'à obtenir une feuille fine. Déposez 2 c. à s. de farce au centre de la feuille de pâte. Rabattez un 1er côté sur la farce et les 3 autres, les uns sur les autres, de façon à obtenir un carré de pâte farci.

4. Préchauffez une plaque en fonte ou une poêle antiadhésive. Déposez délicatement le carré de pâte farci sur la plaque et faites cuire 3 minutes de chaque côté. Recommencez l'opération jusqu'à épuisement des ingrédients. Servez chaud ou tiède.

1 heure
6 minutes/carré
2 heures
6 personnes

Pour la pâte :
500 g de semoule
1 c. à c. de sel
40 cl d'eau environ
1 bol d'huile

Pour la farce :
4 gros oignons
2 poivrons verts
500 g de chair de tomates
2 c. à s. de concentré de tomates
2 gousses d'ail
1 c. à c. de cumin (ou ras el hanout)
1 c. à c. de sucre en poudre
Harissa (facultatif)
Sel, poivre

• Notes :

40 minutes
30 minutes
1 h 30
8 tortillas

Tortillas

Un pain léger et donc idéal
pour couper le jeun.

250 g de farine

2 c. à c. de levure chimique

1 c. à c. de sel

2 c. à c. d'huile

25 cl de lait chaud

1. Versez dans le bol du robot pétrisseur la farine, le sel, l'huile et la levure chimique.

2. Pétrissez lentement en ajoutant le lait, peu à peu. Continuez à pétrir pendant 10 minutes, jusqu'à obtenir une pâte lisse et molle.

3. Transvasez la pâte dans un grand saladier. Couvrez et laissez reposer pendant 30 minutes. Travaillez la pâte avec vos mains puis formez 8 boules. Couvrez et laissez reposer 10 minutes.

4. Farinez légèrement le plan de travail. Étalez la 1re boule sur un diamètre de 20 cm environ. Recommencez l'opération jusqu'à épuisement de la pâte.

5. Faites cuire les tortillas 1 minute de chaque côté sur une crêpière (ou une grande poêle).

6. Recouvrez-les jusqu'au moment de servir.

• Notes :

Entrées et légumes

Caviar d'aubergines au parmesan

10 minutes
30 minutes

Une petite entrée festive et gourmande.

2 aubergines

1 gousse d'ail

8 c. à s. d'huile d'olive

1 c. à c. d'herbes de Provence

2 c. à s. de vinaigre balsamique

40 g de parmesan

Sel, poivre

- Notes :

1. Préchauffez le four th. 7 (210 °C).
2. Retirez les extrémités des aubergines puis coupez-les dans le sens de la longueur.
3. Avec la pointe du couteau, quadrillez la chair sur 1,5 cm d'épaisseur. Mettez les aubergines dans un plat huilé allant au four et arrosez d'un filet d'huile d'olive. Salez, poivrez et saupoudrez d'herbes de Provence.
4. Faites cuire au four pendant 30 minutes.
5. Laissez refroidir les aubergines puis retirez la chair avec une cuillère. Mettez-la dans le bol du blender avec 4 cuillères à soupe d'huile d'olive et la gousse d'ail coupée en petits morceaux. Posez le couvercle et mixez 30 secondes en vitesse 2. Salez, poivrez.
6. À l'aide d'un couteau économe, confectionnez des copeaux de parmesan. Répartissez le caviar d'aubergine dans des verrines.
7. Ajoutez sur chaque verrine 2 gouttes de vinaigre balsamique et un copeau de parmesan.

Salade chaude aux pois chiches

Laissez-vous séduire par
cette salade aux saveurs légèrement épicées.

15 minutes
50 minutes
4 personnes

300 g de pois chiches trempés la veille

2 tomates

1 oignon

2 gousses d'ail écrasées

2 c. à s. d'huile d'olive

1 c. à c. de cumin en poudre

1 c. à c. de paprika en poudre

3 c. à s. de coriandre fraîche hachée

Le jus d'1 citron

Sel

1. Faites cuire les pois chiches dans de l'eau salée pendant 40 minutes, jusqu'à ce qu'ils deviennent tendres. Égouttez.

2. Lavez et râpez les tomates. Pelez et émincez les gousses d'ail et l'oignon et faites-les revenir dans un fait-tout avec l'huile d'olive.

3. Ajoutez la purée de tomates et les pois chiches. Relevez avec les épices.

4. Salez, poivrez et laissez cuire 10 minutes sur feu doux, en remuant de temps en temps.

5. Au moment de servir, saupoudrez la salade de pois chiches de coriandre et arrosez de jus de citron.

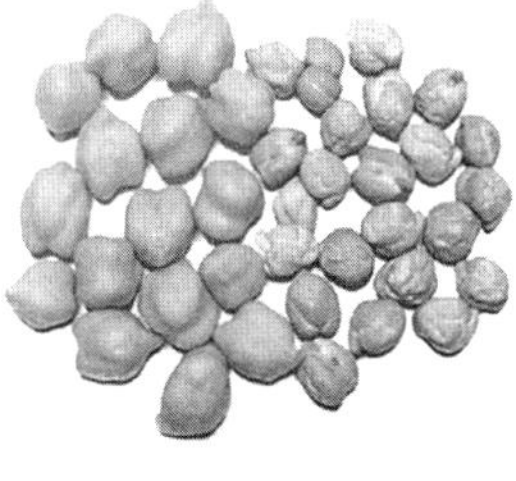

• Notes :

....

....

....

....

....

Salade estivale

15 minutes
6 personnes

1 concombre
3 tomates allongées
1 petite boîte de maïs
30 g d'olives vertes dénoyautées
50 g de gruyère coupé en cubes
20 g de miettes de surimi
2 œufs durs

Pour la sauce vinaigrette :
6 c. à s. d'huile d'olive
3 c. à s. de vinaigre balsamique
2 c. à c. de moutarde

• Notes :

....

....

....

....

....

1. Coupez le gruyère en petits cubes.

2. Passez le concombre et les tomates sous l'eau.

3. Épluchez le concombre. Détaillez les tomates et le concombre en rondelles.

4. Disposez-les sur un plateau de service. Ajoutez le maïs égoutté, les olives et le gruyère.

5. Parsemez de miettes de surimi et décorez avec les tranches d'œufs durs.

6. Préparez la sauce : versez le vinaigre dans un bol, ajoutez la moutarde, une pincée de sel et 2 tours de moulin de poivre.

7. Incorporez l'huile d'olive et émulsionnez la vinaigrette à la fourchette.

Salade d'aubergines et de courgettes

20 minutes
10 minutes
4 personnes

Ambiance méridionale garantie
avec cette salade !

1. Lavez et coupez les courgettes et aubergines en fines tranches dans le sens de la longueur.

2. Badigeonnez-les d'huile d'olive.

3. Préchauffez une grande poêle ou une plancha et faites griller les lamelles de légumes jusqu'à ce qu'elles soient tendres et cuites. Réservez.

4. Préparez la sauce : mélangez le restant d'huile d'olive, le jus de citron, l'ail pilé et la coriandre hachée.

5. Ajustez en sel et poivre. Arrosez les légumes grillés de sauce et laissez mariner jusqu'au moment de servir.

2 aubergines

2 courgettes

4 c. à s. d'huile d'olive

Pour la sauce :

1 gousse d'ail

4 c. à s. d'huile d'olive

2 c. à s. de coriandre hachée

Le jus d'1 citron

Sel, poivre

• Notes :

Salade méchouia

20 minutes
15 minutes
4 personnes

Une salade aux saveurs authentiques.

1 kg de poivrons verts

1 piment

2 tomates

3 œufs

2 gousses d'ail

25 g d'olives noires dénoyautées

10 cl d'huile d'olive

Sel, poivre

• Notes :

1. Plongez les œufs dans une casserole d'eau et portez 12 minutes à ébullition. Égouttez, écalez et réservez les œufs durs.

2. Passez le piment, les poivrons, les tomates et les gousses d'ail (avec leur peau) sous le gril du four. Retournez régulièrement les poivrons pour qu'ils grillent de tous les côtés. Retirez les légumes du four.

3. Mettez les poivrons et le piment dans un sac plastique pendant 10 minutes avant de les peler et les évider. Pelez l'ail et les tomates.

4. Hachez grossièrement les poivrons verts, les tomates et les gousses d'ail au robot.

5. Salez, poivrez puis versez la préparation dans un plat creux. Arrosez d'huile d'olive et mélangez bien.

6. Coupez les œufs durs en 4 dans le sens de la longueur.

7. Dressez la salade méchouia dans un plat de service. Décorez avec les quartiers d'œufs durs et les olives. Arrosez d'un filet d'huile d'olive et servez très frais.

Courgettes aux épices

10 minutes
15 minutes
4 personnes

Un plat relevé à souhait !

- 4 courgettes
- 4 tomates hachées
- 4 c. à s. d'huile d'olive
- 1 oignon
- 1 gousse d'ail hachée
- ½ c. à c. de piment en poudre
- ½ c. à c. de curcuma
- ½ c. à c. de coriandre moulue
- 2 c. à s. de yaourt nature allégé
- Sel, poivre

1. Coupez les extrémités des courgettes puis épluchez-les.
2. Détaillez-les en rondelles.
3. Pelez l'oignon et la gousse d'ail. Émincez l'oignon et hachez l'ail.
4. Faites chauffer l'huile dans une grande sauteuse et faites-y revenir l'oignon pendant 5 minutes.
5. Ajoutez les courgettes, les tomates, le yaourt et l'ail. Salez et épicez avec le piment, le curcuma et la coriandre. Mélangez soigneusement.
6. Laissez mijoter sur feu doux pendant 15 minutes en remuant de temps en temps.
7. Servez sans attendre.

• Notes :

Carottes au cumin

10 minutes
20 minutes
4 personnes

Ces carottes sont très appréciées en toutes saisons.

500 g de carottes

3 gousses d'ail

1 c. à c. de paprika

1 c. à c. de cumin

2 c. à s. de coriandre hachée

3 c. à s. d'huile d'olive

Sel, poivre

1. Épluchez et coupez les carottes en rondelles. Pelez et hachez l'ail.

2. Versez l'huile d'olive dans une petite marmite. Ajoutez l'ail, le cumin, le paprika, le sel et le poivre.

3. Mélangez bien puis ajoutez les carottes. Mouillez d'un bol d'eau, et laissez cuire 20 minutes sur feu doux, en remuant de temps en temps.

4. Retirez du feu lorsque l'eau a été absorbée et que les carottes sont tendres.

5. Laissez tiédir puis parsemez de coriandre hachée. Servez tiède ou froid.

• Notes :

Salade de lentilles

Complète et délicieuse.

25 minutes
30 minutes
6 personnes

250 g de lentilles
2 grosses tomates
1 oignon
1 gousse d'ail
1 poivron vert haché
1 petit piment vert
1 petite carotte
2 œufs durs
50 g d'olives noires
2 c. à s. de coriandre hachée
4 c. à s. d'huile d'olive extra-vierge
Le jus d'un citron
Sel, poivre

1. Faites bouillir 1 litre d'eau salée dans une casserole. Versez les lentilles dans l'eau en remuant. Couvrez et laissez frémir pendant 30 minutes jusqu'à ce que les lentilles deviennent tendres. Égouttez.
2. Égrenez et hachez les tomates.
3. Pelez et hachez l'oignon et l'ail.
4. Retirez le pédoncule du piment et du poivron avant de les hacher.
5. Pelez et râpez la carotte.
6. Écalez les œufs durs et coupez-les en 4 dans le sens de la longueur.
7. Versez les lentilles dans un saladier et ajoutez l'ail, les tomates, les oignons, le poivron et le piment hachés. Arrosez d'1 jus de citron. Mélangez bien puis incorporez les carottes, les olives et la coriandre.
8. Salez, poivrez puis arrosez d'un filet d'huile d'olive. Mélangez bien. Décorez avec les quartiers d'œufs durs. Réservez au frais avant de servir.

• Notes :

Houmous

10 minutes
8 heures
1 heure
4 personnes

Le pois chiche dans toutes ses saveurs !

200 g de pois chiches secs

80 ml d'huile d'olive

4 c. à s. de jus de citron

2 gousses d'ail hachées

2 pincées de paprika

1 pincée de piment fort

Sel

1. La veille, faites tremper les pois chiches dans un grand saladier d'eau.
2. Égouttez les pois chiches.
3. Mettez-les dans une casserole, recouvrez d'eau et salez légèrement. Portez à ébullition et laissez cuire 1 heure.
4. Égouttez en réservant 25 cl d'eau de cuisson.
5. Transférez les pois chiches dans le bol du blender.
6. Ajoutez l'huile, le jus de citron et l'ail.
7. Mixez 10 secondes et ajoutez progressivement le liquide de cuisson par l'orifice du couvercle, jusqu'à obtenir la consistance désirée.
8. Relevez l'houmous avec le sel, le paprika et le piment.

• Notes :

....

....

....

....

....

Concombre au miel

10 minutes
4 personnes

Une entrée pleine de fraîcheur,
qui se réalise en un clin d'œil.

1 concombre

Quelques feuilles de menthe

3 c. à s. de miel

2 c. à s. de crème fraîche (ou yaourt)

1 c. à c. de vinaigre blanc

Sel, poivre

1. Épluchez et détaillez le concombre en petits cubes.

2. Préparez la sauce : mélangez la crème fraîche avec le vinaigre et le miel.

3. Salez, poivrez et réservez au frais.

4. Au moment de servir, versez la sauce sur le concombre.

5. Mélangez bien. Décorez le plat avec les feuilles de menthe.

6. Servez très frais.

• Notes :

Petits soufflés aux épinards

15 minutes
45 minutes
4 personnes

Ce classique a toujours
du succès auprès des convives.

2 grosses pommes de terre

350 g d'épinards (frais, surgelés ou en conserve)

40 g de beurre

75 cl de lait

4 œufs (4 jaunes + 4 blancs)

1 c. à s. de crème fraîche

3 c. à s. de farine

2 c. à s. de Maïzena

1 pincée de noix de muscade

Sel, poivre

• Notes :

1. Lavez les épinards (s'ils sont frais) puis faites-les blanchir dans de l'eau bouillante salée pendant 5 minutes. Égouttez soigneusement.

2. Faites cuire les pommes de terre à l'eau pendant 20 minutes. Épluchez-les puis écrasez-les à la fourchette avant de les mixer avec les épinards. Préchauffez le four th. 6 (180 °C).

3. Préparez la béchamel : faites fondre le beurre dans une casserole. Ajoutez la farine, en remuant sans cesse. Dès que le mélange mousse, incorporez le lait hors du feu. Mélangez bien puis remettez sur le feu en remuant jusqu'à obtenir une béchamel, sans grumeaux. Retirez du feu. Ajoutez la crème fraîche puis les jaunes d'œufs. Fouettez énergiquement puis incorporez la purée de pommes de terre et d'épinards. Relevez avec le sel, le poivre et la noix de muscade.

4. Battez les blancs en neige, dès qu'ils deviennent fermes, ajoutez 2 cuillères à soupe de Maïzena (le soufflé ne sera que meilleur). Incorporez délicatement les blancs en neige à la préparation précédente.Beurrez les petits moules à soufflés. Remplissez-les aux ⅔. Enfournez pendant 25 minutes. Servez sans attendre.

Terrine aux trois légumes

1 30 minutes
20 minutes
6 personnes

Faites le plein
de légumes !

1. Lavez les carottes, le chou-fleur et les feuilles d'épinard. Épluchez et coupez les carottes en rondelles. Coupez le chou-fleur en bouquets. Faites cuire séparément les légumes à l'eau. Égouttez et laissez refroidir.

2. Préchauffez le four th. 7 (210 °C). Beurrez un moule à terrine (ou à cake).

3. Versez 25 cl de crème dans le bol du blender. Ajoutez 2 œufs, 2 cuillères à soupe de mousseline de pommes de terre et les épinards. Salez, poivrez et mixez.

4. Versez la préparation dans le moule beurré puis faites cuire au four, au bain-marie, pendant 7 minutes. Retirez du four.

5. Mixez les carottes de la même façon (crème + œufs + mousseline + sel + poivre) puis versez sur les épinards précuits. Faites cuire à nouveau 7 minutes au bain-marie. Terminez par la mixture de chou-fleur.

6. Couvrez d'un papier aluminium et terminez la cuisson, toujours au four et au bain-marie, th. 5 pendant 30 minutes. Démoulez la terrine et coupez en tranches avant de servir.

100 g de mousseline de pomme de terre (purée en sachet)

400 g d'épinards surgelés

4 carottes moyennes

1 chou-fleur

6 œufs

75 g de crème liquide

Beurre, sel, poivre

• Notes :

Beignets de chou-fleur au curry

15 minutes
30 minutes
6 personnes

Le chou-fleur revisité :
l'épice change tout !

1 chou-fleur

3 œufs

150 g de farine

15 cl de lait

1 c. à s. de curry en poudre

Huile pour friture

Sel, poivre

1. Ôtez les feuilles vertes du chou-fleur ainsi que la tige et les parties dures.

2. Divisez-le en bouquets et lavez soigneusement.

3. Mettez une grande casserole d'eau salée à bouillir et plongez-y les bouquets de chou-fleur. Faites cuire 15 minutes. Égouttez et laissez refroidir.

4. Préparez la pâte à beignet : mélangez les œufs, le lait, la farine et le curry dans un saladier. Salez, poivrez.

5. Faites chauffer l'huile dans une poêle. Plongez les bouquets de chou-fleur, par petites quantités, dans la pâte à beignet puis faites-les frire 2 à 3 minutes, jusqu'à ce que les beignets dorent légèrement.

6. Retirez-les à l'aide d'une écumoire et égouttez sur du papier absorbant.

7. Servez aussitôt.

• Notes :

....

....

....

....

....

Galettes de pommes de terre épicées

10 minutes
4 min/galettes
30 minutes
6 personnes

Idéales en accompagnement
d'un plat en sauce.

1 kg de purée de pommes de terre

1 c. à c. de ras el hanout (ou cumin-paprika)

3 c. à s. de coriandre fraîche hachée

3 œufs

Sel, poivre

Huile pour la friture

1. Mélangez la purée de pommes de terre avec la coriandre hachée, le ras el hanout et les œufs.

2. Salez, poivrez.

3. Farinez vos mains et façonnez de petites galettes rondes de 10 cm de diamètre.

4. Déposez-les au fur et à mesure sur un plateau légèrement fariné. Laissez reposer 30 minutes au frais.

5. Chauffez l'huile dans une grande poêle et faites frire les galettes, jusqu'à ce qu'elles soient dorées de chaque côté.

6. Égouttez-les sur du papier absorbant puis servez sans attendre.

• Notes :

....

....

....

....

....

Petits oignons et olives à la harissa

10 minutes
10 minutes
4 personnes

Des tapas très andalous qui seront parfaits pour le Ramadan.

500 g de petits oignons frais

100 g d'olives vertes

100 g d'olives noires

1 gros piment doux

1 gousse d'ail

1 c. à c. de harissa

1 pincée de paprika

1 pincée de cumin

1 pincée de curcuma

2 c. à s. de vinaigre balsamique

Huile d'olive

Sel

• Notes :

....

....

....

....

....

1. Débarrassez les petits oignons blancs de leurs tiges et de leurs radicelles. Lavez-les.

2. Faites chauffer l'huile dans une poêle, ajoutez les oignons et faites-les blondir, en remuant régulièrement.

3. Arrosez de vinaigre balsamique et d'eau. Relevez avec le sel et le curcuma. Couvrez et laissez cuire 5 minutes.

4. Pendant ce temps, retirez le pédoncule et les graines du piment doux et coupez-le en tout petits dés.

5. Pelez et hachez l'ail. Dénoyautez les olives et coupez-les en 2 ou en 4. Mélangez le tout dans un saladier.

6. Ajoutez les épices (paprika et cumin) et la harissa.

7. Égouttez les oignons et ajoutez à la préparation aux olives. Arrosez d'un filet d'huile d'olive et mélangez bien. Réservez au réfrigérateur et servez très frais.

Poêlée de poivrons aux œufs

20 minutes
25 minutes
6 personnes

Légèrement relevée aux épices,
cette poêlée saura combler toutes les petites faims.

1. Lavez et coupez les poivrons en lanières. Pelez et émincez les oignons.
2. Faites revenir les poivrons et les oignons dans une grande poêle avec l'huile d'olive.
3. Ajoutez la chair de tomates. Salez puis relevez avec les épices.
4. Couvrez et laissez cuire 15 à 20 minutes sur feu doux, en remuant de temps en temps.
5. En fin de cuisson, cassez les œufs sur la préparation aux poivrons. Laissez cuire 3 minutes (le blanc doit être juste cuit et le jaune doit rester liquide).
6. Servez sans attendre.

4 poivrons verts

2 poivrons rouges

400 g de chair de tomates

2 gros oignons

6 œufs

½ c. à c. de cumin

½ c. à c. de piment doux

½ c. à c. de gingembre

2 c. à s. d'huile d'olive

Sel, poivre

• Notes :

....

....

....

....

....

Cakes roquefort-noix

20 minutes
35 minutes
6 personnes

Un cake aussi fort en gout qu'onctueux !

150 g de roquefort

80 g de noix concassées

180 g de farine

3 œufs

3 c. à s. d'huile

10 cl de lait

½ sachet de levure chimique

15 g de beurre et de farine pour les moules

Sel, poivre

1. Préchauffez le four th. 6 (180 °C). Beurrez et farinez les petits moules à cakes.
2. Écrasez le roquefort à la fourchette.
3. Fouettez les œufs dans un saladier avec le lait et l'huile.
4. Incorporez la farine et la levure. Ajoutez le roquefort et les noix. Salez, poivrez et mélangez bien.
5. Versez la pâte dans les petits moules. Lissez le dessus avec une spatule et enfournez 30 minutes.
6. Vérifiez la cuisson en piquant un mini-cake avec la pointe du couteau. Si elle ressort sèche, les mini-cakes sont cuits.
7. Retirez-les du four et laissez-les tiédir avant de les démouler sur une grille.
8. Servez tiède ou froid.

• Notes :

....

....

....

....

....

Flamiche aux poireaux

20 minutes
35 minutes
6 personnes

Une tarte aux légumes appréciée de tous.

2 rouleaux de pâte brisée prête à l'emploi

1 kg de poireaux

25 cl de crème liquide

4 œufs

50 g de beurre

1 pointe de muscade

Sel, poivre

1. Nettoyez les poireaux. Égouttez-les puis émincez finement.
2. Versez les poireaux dans une poêle contenant le beurre, couvrez et laissez fondre les poireaux à feu doux en remuant régulièrement.
3. Préchauffez votre four th. 7 (210 °C).
4. Étalez la 1re pâte dans un moule (avec sa feuille de papier cuisson).
5. Mélangez 3 œufs et la crème dans un saladier avec une pointe de muscade, de sel et de poivre.
6. Incorporez les poireaux refroidis puis versez la préparation dans le moule. Égalisez.
7. Étalez la 2e pâte brisée sur le plan de travail. Confectionnez de petites bandes d'1 cm de largeur. Disposez ces lanières de pâte en croisillons sur la flamiche.
8. Badigeonnez les lanières de pâte d'œuf battu. Faites cuire 20 minutes au four th. 7 (210 °C), jusqu'à ce que la flamiche dore.

• Notes :

Courgettes farcies

30 minutes
40 minutes
6 personnes

Un plat sans viande : goûtez l'originalité.

6 courgettes moyennes

3 œufs

60 g de gruyère râpé

60 g de beurre

Chapelure, sel, poivre

Sauce Béchamel :

½ litre de lait

50 g de farine

60 g de beurre

Sel, poivre

• Notes :

....

....

....

....

....

1. Faites cuire 2 œufs dans une casserole d'eau salée bouillante pendant 10 minutes. Passez les œufs durs sous l'eau froide. Écalez et hachez les œufs. Réservez.

2. Retirez les extrémités des courgettes puis coupez-les en 2 dans le sens de la longueur. Creusez le centre puis hachez-le. Réservez.

3. Préparez la sauce Béchamel : faites fondre le beurre dans une casserole. Retirez du feu et ajoutez la farine.

4. Remuez énergiquement puis versez le lait, peu à peu, tout en remuant. Salez et poivrez. Laissez épaissir sur feu doux, sans cesser de remuer. Retirez du feu. Incorporez 1 œuf battu, les hachis d'œufs durs et de courgettes et le gruyère râpé. Mélangez bien.

5. Beurrez le plat à gratin. Versez-y ½ verre d'eau. Disposez les demi-courgettes et garnissez-les de farce. Saupoudrez de chapelure.

6. Déposez quelques noisettes de beurre et faites cuire au four th. 6 pendant 40 minutes.

Gratin de potiron

50 minutes
30 minutes
6 personnes

Le gratin dans toute sa splendeur !

600 de potiron

500 g de pommes de terre

100 g de gruyère râpé

50 cl de lait

1 œuf

1 gousse d'ail

1 noisette de beurre

Sel, poivre

1. Épluchez le potiron et retirez les graines et les parties filandreuses.
2. Faites précuire les pommes de terre à l'eau pendant 15 minutes.
3. Égouttez-les et coupez-les en rondelles.
4. Faites précuire les morceaux de potiron à l'eau, dans une casserole, pendant 10 minutes.
5. Égouttez-les et coupez en tranches.
6. Beurrez le plat à gratin, disposez une couche de pommes de terre puis une couche de potiron. Parsemez de fromage râpé. Continuez l'opération jusqu'à épuisement des ingrédients et terminez par le fromage.
7. Pelez et hachez l'ail. Cassez l'œuf dans un bol et ajoutez l'ail. Salez, poivrez et battez en omelette.
8. Versez le lait dans une casserole, ajoutez l'œuf et mélangez bien. Versez la préparation sur les pommes de terre et potiron émincés.
9. Faites gratiner au four th. 7 (210 °C) pendant 30 minutes.

• Notes :

Omelette de pommes de terre

40 minutes
5 minutes
6 personnes

Simple et délicieuse.

8 œufs

300 g de pommes de terre

100 g de fromage râpé

1 gousse d'ail

Huile pour friture

Sel, poivre

1. Épluchez, lavez et égouttez les pommes de terre.
2. Coupez-les en fines rondelles et faites-les frire dans une friteuse. Égouttez et réservez.
3. Pelez et hachez l'ail. Cassez les œufs dans une terrine. Incorporez l'ail, le sel et le poivre.
4. Battez en omelette puis incorporez le fromage râpé.
5. Déposez les lamelles de pommes de terre dans la poêle puis versez-y l'omelette.
6. Laissez cuire 2 minutes sans remuer.
7. Retirez du feu. Couvrez l'omelette avec une assiette et retournez-la.
8. Glissez l'omelette dans la poêle et laissez cuire 3 minutes. Servez sans attendre.

• Notes :

Fajitas aux légumes

40 minutes
40 minutes
4 personnes

L'exotisme dans votre assiette !

8 tortillas de maïs
200 g de champignons de Paris (en conserve)
2 carottes
2 courgettes
1 poivron rouge
40 g de beurre

Pour la sauce :
400 g de tomates concassées
1 c. à s. de concentré de tomates
2 gousses d'ail pelées et hachées
1 oignon pelé et émincé
10 cl de crème épaisse
2 c. à s. d'épices pour chili
3 c. à s. d'huile d'olive
Sel, poivre

1. Préparez la sauce : chauffez l'huile dans une grande casserole. Faites revenir l'oignon émincé 2 minutes. Ajoutez les gousses d'ail hachées et les tomates concassées et concentrées. Relevez avec les épices pour chili. Salez, poivrez et laissez mijoter 15 minutes. Retirez du feu et incorporez la crème épaisse. Réservez au chaud.

2. Préparez les légumes en julienne : Enlevez le pédoncule du poivron, coupez-le en 2 dans le sens de la longueur pour retirer les pépins puis détaillez-le en lanières d'½ cm de large.

3. Épluchez les carottes. Enlevez les extrémités des courgettes et des carottes puis découpez-les en très fins bâtonnets. Faites chauffer le beurre dans une sauteuse et ajoutez les carottes. Couvrez et laissez cuire en remuant. Après 10 minutes de cuisson, ajoutez les lanières de poivron, les bâtonnets de courgettes et les champignons. Continuez la cuisson pendant 10 minutes.

4. Enveloppez les tortillas dans du papier aluminium et faites chauffer au four pendant 5 minutes. Déposez une tortilla sur une assiette. Garnissez de 2 cuillères à soupe de légumes et nappez généreusement de sauce tomate à la crème. Roulez les fajitas au fur et à mesure et servez sans attendre.

• Notes :

Croquettes de chou-fleur

20 minutes
2 minutes
6 personnes

1 chou-fleur

2 petits œufs

2 gousses d'ail

½ c. à c. de cumin

½ c. à c. de coriandre en poudre

½ botte de persil plat

Sel, poivre

Farine ou chapelure

Huile pour la friture

1. Ôtez les feuilles vertes du chou-fleur ainsi que la tige et les parties dures. Divisez-le en bouquets et lavez-le soigneusement.
2. Mettez une grande casserole d'eau salée à bouillir et plongez-y les bouquets de chou-fleur.
3. Faites cuire 20 minutes. Égouttez et réduisez le chou-fleur en purée (à la fourchette ou avec un presse-purée).
4. Pelez et hachez les gousses d'ail. Rincez et ciselez le persil. Cassez et battez les œufs en omelette dans un saladier.
5. Ajoutez le persil, l'ail, le chou-fleur et les épices. Salez, poivrez et mélangez bien.
6. Roulez les boules de chou-fleur dans la farine ou la chapelure puis plongez-les dans un bain de friture.
7. Retirez-les dorées, à l'aide d'une écumoire et égouttez-les sur du papier absorbant.
8. Servez aussitôt.

• Notes :

....

....

....

....

....

Salade de haricots blancs

15 minutes
6 personnes

1 boîte de thon à l'huile

1 boîte de haricots blancs en conserve

1 petite boîte de maïs

100 g de tomates cerises

1 petit poivron vert

Pour la sauce vinaigrette :

6 c. à s. d'huile d'olive

3 c. à s. de vinaigre balsamique

2 c. à c. de moutarde

1. Égouttez le thon et le maïs. Égouttez les haricots blancs.
2. Retirez le pédoncule du poivron puis coupez-le en petits cubes.
3. Versez les haricots blancs dans un saladier, ajoutez les tomates, le maïs, le poivron et mélangez bien.
4. Préparez la sauce : versez le vinaigre dans un bol, ajoutez la moutarde, une pincée de sel et 2 tours de moulin de poivre.
5. Incorporez l'huile d'olive et émulsionnez la vinaigrette à la fourchette.
6. Arrosez la salade de sauce, mélangez bien et servez sans attendre.

• Notes :

....

....

....

....

....

Omelette aux courgettes

10 minutes
15 minutes
6 personnes

Une omelette légère
et très parfumée.

4 œufs

1 courgette

1 oignon

2 gousses d'ail

3 c. à s. d'huile d'olive

2 c. à s. d'origan

Sel, poivre

1. Pelez et émincez l'oignon. Lavez et coupez la courgette en petits dés.
2. Faites chauffer l'huile dans une sauteuse et ajoutez-y l'oignon et les dés de courgette.
3. Couvrez et laissez cuire 10 minutes, en remuant de temps en temps.
4. Pelez et hachez l'ail. Battez les œufs avec l'ail, l'origan, le sel et le poivre. Versez l'omelette sur les légumes. Laissez cuire 2 minutes sans remuer.
5. Retirez du feu.
6. Couvrez l'omelette avec une assiette et retournez-la.
7. Glissez l'omelette dans la poêle et laissez cuire 3 minutes.
8. Servez sans attendre

• Notes :

....

....

....

....

....

Les bricks

Feuilles de brick maison

10 minutes
15 minutes
6 personnes

Des bricks bien meilleurs que ceux vendus dans le commerce !

250 g de farine

40 cl d'eau tiède

3 c. à s. de semoule moyenne

1 c. à s. d'huile

1 pincée de sel

1. Versez tous les ingrédients dans le mixeur en commençant par l'eau.
2. Mixez jusqu'à obtenir une pâte homogène semi-liquide.
3. Faites chauffer doucement une poêle antiadhésive. Huilez la poêle à l'aide d'un papier absorbant.
4. Trempez le pinceau dans la pâte puis badigeonnez la poêle jusqu'à obtenir une très fine galette ronde.
5. Lorsque les bords de la brick se décollent, retirez du feu et décollez-la avec les doigts.
6. Recommencez l'opération jusqu'à épuisement de la pâte.
7. Séparez les feuilles de brick avec du papier sulfurisé.

• Notes :

....

....

....

....

....

Brick au surimi et fromage fondu

10 minutes
10 minutes
6 personnes

Délicatement parfumé, ce petit plat apportera de la bonne humeur à votre table.

1. Coupez soigneusement les feuilles de brick en 2.
2. Dans un saladier, détaillez les bâtons de surimi en petits morceaux. Ajoutez les portions de fromage, le persil et la crème fraîche. Salez, poivrez et mélangez bien.
3. Divisez la farce en 12 parts égales.
4. Posez ½ feuille de brick bien à plat sur le plan de travail. Déposez la farce à 4 cm de l'extrémité de la ½ feuille.
5. Rabattez les 2 côtés et pliez délicatement la feuille de brick de façon à obtenir un triangle. Collez la pointe avec du blanc d'œuf.
6. Renouvelez l'opération jusqu'à épuisement des ingrédients.
7. Faites frire les bricks dans une huile chaude, jusqu'à ce qu'elles soient bien dorées de chaque côté. Égouttez-les sur du papier absorbant.
8. Servez chaud, sans attendre.

6 feuilles de brick

6 bâtonnets de surimi

6 portions de fromage fondu (Vache qui rit®)

6 c. à c. de crème fraîche

2 c. à s. de persil plat haché

Sel, poivre

1 blanc d'œuf

Huile pour friture

• Notes :

....

....

....

....

....

Brick épinards et thon

10 minutes
10 minutes
6 personnes

Une alliance subtile entre
les épinards et le thon.

6 feuilles de brick

200 g d'épinards hachés (surgelés)

1 boîte de thon

30 g d'olives vertes

4 portions de fromage Kiri® (ou Vache qui rit®)

1 pincée de cumin en poudre

Poivre

Huile pour friture

1. Faites cuire les épinards dans une petite casserole pendant 10 minutes, jusqu'à ce qu'il n'y ait plus d'eau.
2. Laissez refroidir.
3. Dans un saladier, mélangez les épinards avec le fromage, les olives coupées en 2 et le thon égoutté. Relevez avec le poivre et le cumin.
4. Coupez soigneusement les feuilles de brick en 2. Divisez la farce en 12 parts égales.
5. Posez ½ feuille de brick bien à plat sur le plan de travail. Déposez la farce à 4 cm de l'extrémité de la ½ feuille.
6. Rabattez les 2 côtés et pliez délicatement la feuille de brick de façon à obtenir un triangle. Collez la pointe avec du blanc d'œuf.
7. Renouvelez l'opération jusqu'à épuisement des ingrédients.
8. Faites frire les bricks dans une huile chaude, jusqu'à ce qu'elles soient bien dorées de chaque côté. Égouttez-les sur du papier absorbant. Servez chaud, sans attendre.

• Notes :

....

....

....

....

....

Brick à la viande hachée

15 minutes
20 minutes
5 personnes

De véritables petites
merveilles de saveurs !

10 feuilles de brick

200 g de viande hachée

1 petit oignon

6 c. à s. d'emmental râpé

3 œufs

2 c. à s. de persil frais haché

Sel, poivre

1. Pelez et hachez l'oignon.

2. Chauffez l'huile dans une poêle et faites-y revenir la viande et l'oignon hachés.

3. Incorporez ½ verre d'eau.
Salez, poivrez et laissez cuire 10 minutes à feu moyen, jusqu'à ce que l'eau s'évapore.

4. Retirez du feu puis ajoutez le persil haché, le fromage râpé et les œufs.
Mélangez bien. Goûtez et rectifiez l'assaisonnement si nécessaire.

5. Divisez la farce en 10 parts égales. Posez la feuille de brick bien à plat sur le plan de travail. Déposez-y un boudin de farce.

6. Abaissez les 2 côtés de la feuille sur la farce puis roulez de façon à obtenir un cigare. Renouvelez l'opération jusqu'à épuisement des ingrédients.

7. Faites frire les bricks dans une huile chaude, jusqu'à ce qu'elles soient bien dorées de chaque côté. Égouttez-les sur du papier absorbant. Servez chaud, sans attendre.

• Notes :

Brick poulet béchamel

20 minutes
20 minutes
6 personnes

Essayez, vous serez conquis !

6 feuilles de brick
1 blanc de poulet
30 g d'olives vertes dénoyautées
30 g de fromage râpé
1 c. à s. de persil
2 c. à s. d'huile d'olive
Sel, poivre

Pour la béchamel :
30 g de beurre
40 g de farine (ou Maïzena)
20 cl de lait
Sel, poivre
Huile pour friture

• Notes :

....

....

....

....

....

1. Coupez le blanc de poulet en morceaux. Chauffez l'huile d'olive dans la poêle et faites-y revenir les morceaux de poulet. Salez et poivrez.

2. Préparez la béchamel épaisse : faites fondre le beurre, sur feu doux, dans une casserole. Ajoutez la farine et remuez avec une cuillère en bois, pour obtenir un mélange homogène. Incorporez peu à peu le lait, en fouettant vivement, pour éviter la formation de grumeaux. Salez et poivrez.

3. Versez la sauce Béchamel dans le bol du blender. Ajoutez les morceaux de poulet, le persil et les olives. Mixez le tout puis transvasez dans un saladier. Ajoutez le fromage râpé et mélangez bien.

4. Coupez soigneusement les feuilles de brick en 2. Divisez la farce en 12 parts égales. Posez ½ feuille de brick bien à plat sur le plan de travail. Déposez la farce à 4 cm de l'extrémité de la ½ feuille. Rabattez les 2 côtés et pliez la feuille de brick de façon à obtenir un triangle. Collez la pointe avec du blanc d'œuf.

5. Renouvelez l'opération jusqu'à épuisement des ingrédients. Faites frire les bricks dans une huile chaude, jusqu'à ce qu'elles soient bien dorées de chaque côté. Égouttez-les sur du papier absorbant. Servez chaud, sans attendre.

Brick chèvre et épinards

10 minutes
15 minutes
5 personnes

Atmosphère chaleureuse et décontractée assurée !

10 feuilles de brick

250 g d'épinards

250 g de fromage de chèvre frais

1 échalote

2 c. à s. d'huile d'olive

1 blanc d'œuf

Sel, poivre

Huile pour la friture

1. Pelez et hachez l'échalote. Équeutez les épinards puis lavez-les plusieurs fois à grande eau. Épongez-les, puis coupez les feuilles en petits morceaux.

2. Faites chauffer l'huile d'olive dans une grande poêle et faites-y revenir l'échalote hachée sur feu doux pendant 5 minutes. Ajoutez les épinards. Laissez fondre 10 minutes et égouttez dans une passoire. Salez, poivrez.

3. Coupez le fromage de chèvre en petits cubes. Posez la feuille de brick bien à plat sur le plan de travail. Déposez, au centre, 2 petits cubes de fromage de chèvre et recouvrez d'épinard.

4. Rabattez les 2 côtés et pliez délicatement la feuille de brick de façon à obtenir un triangle. Collez la pointe avec du blanc d'œuf.

5. Renouvelez l'opération jusqu'à épuisement des ingrédients.Faites frire les bricks dans une huile chaude, jusqu'à ce qu'elles soient bien dorées de chaque côté. Égouttez-les sur du papier absorbant. Servez chaud, sans attendre.

Variante : remplacez le fromage de chèvre par un autre fromage ou par de la feta.

• Notes :

Brick pommes de terre et viande hachée

10 minutes
10 minutes
6 personnes

Comme un hachis Parmentier croustillant.

- 6 feuilles de brick
- 150 g de viande hachée
- 3 pommes de terre moyennes
- 50 ml de lait
- 1 noisette de beurre
- 1 oignon
- 1 gousse d'ail
- 20 g d'olives noires dénoyautées et coupées en rondelles
- 3 portions de Vache qui rit®
- 1 c. à s. de coriandre hachée
- Sel, poivre
- Huile pour friture

• Notes :

....

....

....

....

....

1. Faites cuire les pommes de terre dans une casserole d'eau bouillante pendant 20 minutes. Égouttez-les puis réduisez-les en purée. Incorporez le lait et le beurre. Salez et poivrez. Réservez.

2. Détaillez les olives en rondelles. Pelez et hachez l'oignon et l'ail. Chauffez l'huile dans une poêle et faites suer l'oignon pendant 3 minutes. Ajoutez l'ail et mélangez bien. Ajoutez enfin la viande hachée et laissez cuire 5 minutes en remuant de temps en temps. Relevez avec le sel, le poivre et le curry.

3. Mélangez la purée avec la viande hachée, le fromage, les olives et la coriandre.

4. Coupez chaque feuille de brick en 2. Divisez la farce en 12 parts égales. Posez la ½ feuille de brick bien à plat sur le plan de travail. Déposez-y un boudin de farce. Abaissez les 2 côtés de la feuille sur la farce puis roulez de façon à obtenir un cigare. Renouvelez l'opération jusqu'à épuisement des ingrédients.

5. Faites frire les bricks dans une huile chaude, jusqu'à ce qu'elles soient bien dorées de chaque côté. Égouttez-les sur du papier absorbant. Servez chaud, sans attendre.

Brick au saumon

Une recette de gourmet
à la portée de tous.

15 minutes
25 minutes
5 personnes

10 feuilles de brick

150 g de saumon frais

3 pommes de terre

1 oignon

1 c. à c. de persil plat haché

Sel, poivre

1. Faites cuire les pommes de terre dans une casserole d'eau bouillante pendant 20 minutes. Égouttez-les puis réduisez-les en purée.
2. Pelez et hachez l'oignon. Coupez le saumon en petits morceaux.
3. Chauffez l'huile dans une poêle et faites-y suer l'oignon haché puis ajoutez les morceaux de saumon et le persil. Salez et poivrez.
4. Versez la préparation dans un plat et ajoutez la purée de pommes de terre. Goûtez et rectifiez l'assaisonnement si nécessaire. Divisez la farce en 10 parts égales.
5. Posez la feuille de brick bien à plat sur le plan de travail. Déposez-y un boudin de farce. Abaissez les 2 côtés de la feuille sur la farce puis roulez de façon à obtenir un cigare. Renouvelez l'opération jusqu'à épuisement des ingrédients.
6. Faites frire les bricks dans une huile chaude, jusqu'à ce qu'elles soient bien dorées de chaque côté. Égouttez-les sur du papier absorbant.
7. Servez chaud, sans attendre.

• Notes :

....

....

....

....

....

Brick aux crevettes

15 minutes
30 minutes
6 personnes

C

12 feuilles de brick

150 g de crevettes décortiquées

3 pommes de terre

1 oignon

1 c.s. de persil plat haché

20 g de fromage râpé

Sel, poivre

Huile pour friture

1. Faites cuire les pommes de terre dans une casserole d'eau bouillante pendant 20 minutes. Égouttez-les puis réduisez-les en purée. Incorporez le fromage râpé et le persil.

2. Pelez et hachez l'oignon. Chauffez l'huile dans une poêle et faites-y suer l'oignon haché.

3. Ajoutez les crevettes et faites revenir encore 5 minutes. Mélangez la préparation avec la purée. Salez et poivrez.

4. Divisez la farce en 12 parts égales. Posez la feuille de brick bien à plat sur le plan de travail.

5. Déposez-y un boudin de farce. Abaissez les 2 côtés de la feuille sur la farce puis roulez de façon à obtenir un cigare. Renouvelez l'opération jusqu'à épuisement des ingrédients.

6. Faites frire les bricks dans une huile chaude, jusqu'à ce qu'elles soient bien dorées de chaque côté.

7. Égouttez-les sur papier absorbant.

8. Servez chaud, sans attendre.

• Notes :

....

....

....

....

....

Brick de poulet au curry

30 minutes
20 minutes
6 personnes

1. Pelez et émincez l'oignon.

2. Coupez le blanc de poulet en tout petits morceaux. Chauffez l'huile d'olive dans la poêle et faites-y revenir les morceaux de poulet et l'oignon.

3. Ajoutez la crème fraîche et le curry. Laissez mijoter 10 minutes. Salez et poivrez. Passez le tout au mixeur.

4. Coupez les feuilles de brick en 2. Posez ½ feuille de brick bien à plat sur le plan de travail.

5. Déposez-y une cuillère de farce. Rabattez les 2 côtés et pliez délicatement la feuille de brick de façon à obtenir un cigare. Collez la pointe avec du blanc d'œuf.

6. Renouvelez l'opération jusqu'à épuisement des ingrédients.

7. Faites frire les bricks dans une huile chaude, jusqu'à ce qu'elles soient bien dorées de chaque côté. Égouttez-les sur du papier absorbant. Servez chaud, sans attendre.

6 feuilles de brick

1 blanc de poulet

20 cl de crème fraîche

1 oignon

1 c. à c. de curry

2 c. à s. d'huile d'olive

Sel, poivre

Huile pour friture

• Notes :

Brick au fromage et persil

15 minutes
10 minutes
6 personnes

Pour le bonheur de tous.

6 feuilles de brick

10 portions de fromage Kiri® ou Vache qui rit®

1 botte de persil plat haché

2 œufs

Sel, poivre

Huile pour friture

1. Mélangez, dans un saladier, le fromage, le persil et les œufs. Salez et poivrez.
2. Coupez les feuilles de brick en 2. Posez ½ feuille de brick bien à plat sur le plan de travail. Déposez-y une cuillère de farce.
3. Rabattez les 2 côtés et pliez délicatement la feuille de brick de façon à obtenir un cigare. Collez la pointe avec du blanc d'œuf.
4. Renouvelez l'opération jusqu'à épuisement des ingrédients.
5. Faites frire les bricks dans une huile chaude, jusqu'à ce qu'elles soient bien dorées de chaque côté.
6. Égouttez-les sur du papier absorbant. Servez chaud, sans attendre.

• Notes :

Brick au thon et crevettes

15 minutes
10 minutes
5 personnes

Un petit plat croustillant et délicieux.

5 feuilles de brick

150 g de thon

20 crevettes environ

2 c. à s. de persil plat haché

50 g de d'emmental râpé

3 œufs

Sel, poivre

1. Déposez 2 œufs dans une casserole d'eau froide. Portez à ébullition et laissez cuire 10 minutes. Passez les œufs sous l'eau froide, écalez-les, puis laissez refroidir.
2. Égouttez le thon et émiettez-le dans un saladier. Ajoutez les œufs durs coupés en petits morceaux, le fromage râpé et le persil haché. Incorporez l'œuf entier. Salez, poivrez et mélangez bien.
3. Coupez les feuilles de brick en 2. Posez ½ feuille de brick bien à plat sur le plan de travail. Déposez-y une cuillère de farce. Posez 2 crevettes sur le dessus.
4. Rabattez les 2 côtés et pliez délicatement la feuille de brick de façon à obtenir un cigare. Collez la pointe avec du blanc d'œuf.
5. Renouvelez l'opération jusqu'à épuisement des ingrédients.
6. Faites frire les bricks dans une huile chaude, jusqu'à ce qu'elles soient bien dorées de chaque côté. Égouttez-les sur du papier absorbant.
7. Servez chaud, sans attendre.

• Notes :

Brick aux légumes

15 minutes
20 minutes
5 personnes

10 feuilles de brick

200 g de champignons

2 carottes

1 courgette

1 oignon

½ c. à c. de ras el hanout

1 pincée de sucre

3 c. à s. d'huile

Sel, poivre

1. Nettoyez et coupez les champignons en petits morceaux. Pelez et émincez l'oignon. Pelez et râpez les carottes. Retirez l'extrémité de la courgette et râpez-la.

2. Faites chauffer l'huile dans une sauteuse. Ajoutez l'oignon et faites-le revenir sur feu doux pendant 3 minutes.

3. Ajoutez les champignons, les carottes et la courgette râpées. Relevez avec le ras el hanout, le sucre, le sel, le poivre.

4. Couvrez et laissez cuire pendant 10 minutes en remuant régulièrement. Laissez refroidir puis divisez la farce en 10 parts égales.

5. Posez la feuille de brick bien à plat sur le plan de travail. Déposez-y un boudin de farce. Abaissez les 2 côtés de la feuille sur la farce puis roulez de façon à obtenir un cigare. Renouvelez l'opération jusqu'à épuisement des ingrédients.

6. Faites frire les bricks dans une huile chaude, jusqu'à ce qu'elles soient bien dorées de chaque côté. Égouttez-les sur du papier absorbant. Servez chaud, sans attendre.

• Notes :

....

....

....

....

....

Brick au poulet façon nem

20 minutes
10 minutes
5 personnes

Exotique et gouteux !

10 feuilles de brick

150 g de blancs de poulet

1 carotte

1 œuf

1 oignon

80 g de vermicelles de soja

80 g de germes de soja égouttés

1 c. à s. de sauce soja

1 c. à c. de sucre

Sel, poivre

1. Faites tremper les vermicelles de soja dans de l'eau chaude pendant environ 15 minutes. Égouttez-les et détaillez-les en petits morceaux.

2. Hachez les blancs de poulet et l'oignon. Faites revenir 5 minutes dans une poêle avec l'huile d'olive.

3. Épluchez la carotte et râpez-la. Mélangez tous les ingrédients dans un grand saladier : les vermicelles, les germes et la sauce de soja, les carottes, la préparation poulet/ oignon, l'œuf et le sucre. Salez, poivrez et malaxez le tout à la main jusqu'à obtenir une préparation homogène et bien liée.

4. Divisez la farce en 10 parts égales. Posez la feuille de brick bien à plat sur le plan de travail. Déposez-y un boudin de farce. Abaissez les 2 côtés de la feuille sur la farce puis roulez de façon à obtenir un cigare. Renouvelez l'opération jusqu'à épuisement des ingrédients.

5. Faites frire les bricks dans une huile chaude, jusqu'à ce qu'elles soient bien dorées de chaque côté. Égouttez-les sur du papier absorbant. Servez chaud, sans attendre, avec une sauce spécial nems ou sauce piquante.

- Notes :

Brick au thon et œufs

10 minutes
10 minutes
5 personnes

Un grand classique : succès garanti !

10 feuilles de brick

8 œufs

160 g de thon (2 boîtes)

2 c. à s. de coriandre hachée

Poivre, sel

Huile pour friture

1 citron

1. Égouttez le thon et émiettez-le dans un saladier.

2. Posez une feuille de brick bien à plat sur le plan de travail. Déposez-y 1 bonne cuillère de thon. Cassez un œuf au milieu.

3. Salez, poivrez et saupoudrez de coriandre hachée. Ramenez les extrémités les unes sur les autres de façon à obtenir un carré (ou un rectangle).

4. Répétez l'opération jusqu'à épuisement des ingrédients.

5. Faites frire les bricks dans une huile chaude, jusqu'à ce qu'elles soient bien dorées de chaque côté.

6. Égouttez-les sur du papier absorbant.

7. Servez aussitôt avec quelques lamelles de citron.

• Notes :

....

....

....

....

....

Brick pommes de terre et câpres

10 minutes
10 minutes
5 personnes

1. Faites cuire les pommes de terre dans une casserole d'eau bouillante pendant 20 minutes. Égouttez-les puis réduisez-les en purée.

2. Pelez et hachez l'oignon. Chauffez l'huile dans une poêle et faites suer l'oignon haché pendant 5 minutes.

3. Mélangez la purée de pommes de terre avec les câpres, l'oignon et le persil hachés. Incorporez l'œuf battu. Salez et poivrez.

4. Coupez chaque feuille de brick en 2. Divisez la farce en 10 parts égales. Posez la ½ feuille de brick bien à plat sur le plan de travail. Déposez-y un boudin de farce. Abaissez les 2 côtés de la feuille sur la farce puis roulez de façon à obtenir un cigare. Renouvelez l'opération jusqu'à épuisement des ingrédients.

5. Faites frire les bricks dans une huile chaude, jusqu'à ce qu'elles soient bien dorées de chaque côté. Égouttez-les sur du papier absorbant. Servez chaud, sans attendre.

Variante : ajoutez 100 g de thon émietté dans la farce pour obtenir des bricks marinières.

5 feuilles de brick

2 pommes de terre

1 oignon

1 œuf

50 g de câpres

3 c. à s. d'emmental râpé

3 c. à s. de persil plat haché (ou coriandre)

Sel, poivre

• Notes :

Brick au surimi et légumes

10 minutes
10 minutes
6 personnes

6 feuilles de brick
10 bâtonnets de surimi
1 carotte
1 blanc de poireau
1 petite boîte de champignons émincés
2 c. à s. de sauce soja sucrée
3 c. à s. de persil plat haché (ou coriandre)
1 noisette de beurre
Sel, poivre
Huile pour friture

• Notes :

....

....

....

....

....

1. Nettoyez le poireau. Épluchez la carotte. Coupez les légumes en julienne.

2. Faites revenir tous les légumes dans une poêle avec le beurre et la sauce soja. En fin de cuisson, ajoutez le surimi coupé en petits morceaux et le persil.

3. Salez, poivrez et mélangez bien.

4. Coupez chaque feuille de brick en 2. Divisez la farce en 12 parts égales. Posez la ½ feuille de brick bien à plat sur le plan de travail. Déposez-y un boudin de farce.

5. Abaissez les 2 côtés de la feuille sur la farce puis roulez de façon à obtenir un cigare. Renouvelez l'opération jusqu'à épuisement des ingrédients.

6. Faites frire les bricks dans une huile chaude, jusqu'à ce qu'elles soient bien dorées de chaque côté. Égouttez-les sur du papier absorbant.

7. Servez chaud, sans attendre.

Pastilla au poulet

25 minutes
50 minutes
6 personnes

1 gros poulet
10 feuilles de brick
5 œufs
50 g de beurre
50 cl d'eau
150 g d'amandes émondées
2 oignons
2 c. à s. d'huile
4 c. à s. de sucre en poudre
1 c. à s. de cannelle
1 c. à c. de persil plat haché
1 c. à c. de coriandre hachée
1 pincée de gingembre
1 pincée de safran
Sel, poivre

1. Faites griller les amandes au four, puis concassez-les. Réservez. Pelez et émincez les oignons. Coupez le poulet en morceaux.

2. Faites suer les oignons dans une marmite avec l'huile. Ajoutez les morceaux de poulet et les épices. Salez, poivrez et mélangez bien avant d'incorporer l'eau. Couvrez et laissez cuire 30 minutes à feu doux, en remuant. Retirez les morceaux de poulet. Désossez et coupez-les en cubes. Réservez.

3. Ajoutez à la sauce le sucre en poudre, le persil et la coriandre hachés. Après 5 minutes de cuisson, ajoutez les œufs battus en omelette, sans cesser de remuer avec une cuillère en bois, jusqu'à ce que la sauce se solidifie.

4. Préchauffez le four th. 6 (180 °C). Beurrez un moule rond de 20 cm de diamètre. Couvrez le moule de 5 feuilles de brick beurrées. Commencez par étaler une couche d'amandes, puis ajoutez les morceaux de poulet et enfin les œufs cuits dans la sauce.

5. Recouvrez de 5 feuilles de brick beurrées, en rentrant sous la pastilla les parties qui dépassent. Enfournez la pastilla pendant 20 minutes en l'arrosant à mi-cuisson de beurre fondu. Démoulez et servez sans attendre.

• Notes :

Les soupes

Chorba aux crevettes

20 minutes
30 minutes
6 personnes

Elle vous vaudra des compliments !

400 g de crevettes décortiquées

400 g de chair de tomates

50 g de riz ou de vermicelle

1 oignon

2 gousses d'ail

3 c. à s. d'huile d'olive

1 c. à s. de double concentré de tomates

4 c. à s. de coriandre fraîche hachée

1 c. à c. de paprika

Sel, poivre

• Notes :

....

....

....

....

....

1. Pelez et hachez l'oignon et les gousses d'ail.

2. Versez l'huile dans la cocotte et faites-y revenir l'ail et l'oignon hachés.

3. Ajoutez les crevettes puis relevez avec le paprika. Incorporez la chair et le concentré de tomates.

4. Mouillez de 50 cl d'eau. Salez, poivrez et mélangez bien.

5. Fermez la cocotte et laissez cuire 20 minutes. Retirez du feu et ajoutez le riz.

6. Prolongez la cuisson pendant 10 minutes.

7. Au moment de servir, parsemez de coriandre hachée.

Chorba aux vermicelles

30 minutes
40 minutes
6 personnes

La soupe typique du mois du jeûne.

500 g d'agneau
80 g de vermicelles
400 g de chair de tomates
150 g de pois chiches trempés
2 branches de céleri
1 oignon
2 c. à s. d'huile d'olive
1 c. à s. de concentré de tomates
1 c. à c. de poudre de piment rouge
4 c. à s. de coriandre fraîche
1 pincée de piment de Cayenne
1 citron
Sel, poivre

1. Coupez la viande en petits morceaux.
2. Hachez l'oignon et faites-le revenir dans une cocotte avec l'huile d'olive. Ajoutez les morceaux de viande. Relevez avec les piments, le poivre et le sel.
3. Mélangez bien et laissez cuire 5 minutes sur feu moyen. Incorporez la chair et le concentré de tomates. Mélangez bien puis mouillez d'1 litre d'eau.
4. Ajoutez enfin les pois chiches, le céleri coupé en petits dés et 1 cuillère à soupe de coriandre hachée.
5. Fermez la cocotte et faites cuire 30 minutes sur feu moyen. Retirez du feu et ajoutez les vermicelles de pâte.
6. Laissez mijoter 15 minutes sur feu doux, en remuant régulièrement. Au moment de servir, parsemez la soupe de coriandre.
7. Servez avec quelques quartiers de citron.

• Notes :
....
....
....
....
....

Loubia (soupe de haricots secs)

30 minutes
1 nuit
40 minutes
6 personnes

Une soupe sans viande
et néanmoins très complète.

400 g de haricots blancs secs

1 oignon

2 gousses d'ail

2 tomates

4 branches de coriandre

2 c. à s. d'huile d'olive

1 mélange de 3 épices (par exemple poivre, cumin, safran)

40 cl d'eau pour le bouillon

Sel

• Notes :

1. La veille, versez les haricots secs dans un grand saladier et couvrez-les d'eau.
2. Laissez-les gonfler toute une nuit. Le lendemain, faites cuire les haricots dans une eau bouillante salée pendant 40 minutes. Égouttez et réservez.
3. Pelez et hachez l'ail et l'oignon. Faites revenir les oignons dans une marmite avec l'huile d'olive.
4. Au bout de 5 minutes, ajoutez l'ail et les tomates coupées en petits morceaux.
5. Relevez avec le sel et les épices puis mouillez avec l'eau.
6. Portez à ébullition puis ajoutez les haricots blancs.
7. Laissez mijoter 30 minutes.
8. Saupoudrez de coriandre hachée en fin de cuisson.

Chorba aux légumes

20 minutes
45 minutes
6 personnes

Une recette savoureuse à partager
en famille ou entre amis.

500 g de viande
400 g de chair de tomates
100 g de petits pois frais
100 g de pois chiches trempés la veille
2 courgettes
2 carottes
2 navets ronds
2 pommes de terre
1 oignon haché
1 gousse d'ail
1 c. à s. de ras el hanout
2 c. à s. de coriandre fraîche
1 c. à s. d'huile d'olive
Sel, poivre

1. Lavez et retirez les extrémités des courgettes. Épluchez les pommes de terre, les carottes et les navets.

2. Coupez les carottes en rondelles, les pommes de terre, les courgettes et les navets en petits cubes.

3. Hachez l'oignon et l'ail et faites-les revenir dans une cocotte avec l'huile d'olive. Ajoutez les morceaux de viande. Relevez avec le ras el hanout, le sel et le poivre.

4. Mélangez bien et laissez cuire 5 minutes sur feu moyen. Incorporez la chair de tomates et mouillez d'1 litre d'eau. Ajoutez enfin les carottes, les navets, les petits pois, les pois chiches et la coriandre hachée.

5. Fermez la cocotte et faites cuire 35 minutes sur feu moyen. À mi-cuisson, ajoutez les pommes de terre et les courgettes. Servez chaud, sans attendre.

Conseil : si vous n'avez que des petits pois en conserve, égouttez-les puis ajoutez-les à la soupe en fin de cuisson.

Variante : ajoutez 100 g de vermicelles 15 minutes avant la fin de la cuisson.

• Notes :

....

....

....

....

....

Soupe de boulgour

20 minutes
40 minutes
6 personnes

Gouteuse et très nourrissante.

100 g de boulgour
6 demi-cuisses de poulet
1 oignon
1 gousse d'ail
1 c. à c. de ras el hanout
1 pincée de piment doux en poudre
4 c. à s. de coriandre fraîche hachée
2 c. à s. d'huile d'olive
Sel et poivre

1. Pelez et hachez l'ail et l'oignon. Faites-les revenir dans une cocotte avec l'huile d'olive.
2. Ajoutez les morceaux de poulet.
3. Relevez avec le ras el hanout, le piment doux, le poivre et le sel.
4. Mélangez bien et laissez cuire 5 minutes sur feu moyen. Mouillez d'1 litre d'eau.
5. Ajoutez enfin le boulgour et 1 c. à s. de coriandre hachée.
6. Fermez la cocotte et faites cuire 30 minutes sur feu moyen.
7. Au moment de servir, parsemez la soupe de coriandre hachée.

• Notes :

....

....

....

....

....

Chorba au blé vert concassé « frik »

20 minutes
40 minutes
6 personnes

La chorba par excellence !

500 g d'agneau
400 g de chair de tomates
80 g de blé vert concassé
150 g de pois chiches trempés
1 oignon
2 c. à s. d'huile d'olive
1 c. à s. de concentré de tomates
1 c. à c. de piment rouge doux
1 c. à c. de ras el hanout
4 c. à s. de coriandre fraîche
Sel et poivre
1 citron

1. Coupez la viande en petits morceaux.
2. Hachez l'oignon et faites-le revenir dans une cocotte avec l'huile d'olive. Ajoutez les morceaux de viande.
3. Relevez avec le ras el hanout, le piment doux, le poivre et le sel. Mélangez bien et laissez cuire 5 minutes sur feu moyen. Incorporez la chair et le concentré de tomates.
4. Mélangez bien puis mouillez d'1 litre d'eau. Ajoutez enfin les pois chiches, le blé vert concassé et 1 cuillère à soupe de coriandre hachée.
5. Fermez la cocotte et faites cuire 35 minutes sur feu moyen. Au moment de servir, parsemez la soupe de coriandre hachée.
6. Servez avec quelques quartiers de citron.

• Notes :

....

....

....

....

....

Harira (velouté oriental)

30 minutes
40 minutes
6 personnes

Ce velouté marocain, servi avec du bon pain maison, est un vrai délice.

- 400 g de viande d'agneau
- 400 g de chair de tomates
- 150 g de pois chiches trempés
- 100 g de lentilles
- 100 g de farine
- 80 g de riz
- 1 oignon
- 1 c. à s. de ras el hanout
- 1 c. à s. de concentré de tomates
- 3 c. à s. d'huile d'olive
- 6 c. à s. de coriandre fraîche
- 1 citron
- Sel, poivre

• Notes :

....

....

....

....

....

1. Coupez la viande en petits morceaux.

2. Hachez l'oignon et faites-le revenir dans une cocotte avec l'huile d'olive. Ajoutez les morceaux de viande puis le ras el hanout. Mélangez bien et laissez cuire 5 minutes sur feu moyen.

3. Ajoutez enfin les pois chiches, les lentilles et 1 cuillère à soupe de coriandre hachée. Mélangez bien puis mouillez d'1 litre et demi d'eau. Fermez la cocotte et faites cuire 30 minutes sur feu moyen.

4. Pendant ce temps, versez dans le mixeur 25 cl d'eau, la farine, la chair et le concentré de tomates. Mixez le tout jusqu'à obtenir une sauce onctueuse.

5. Retirez la cocotte du feu et incorporez la préparation à la sauce tomate, puis le riz. Mélangez bien avec une cuillère en bois. Goûtez et rectifiez l'assaisonnement si nécessaire avec le sel, le poivre et les épices. Laissez mijoter 20 minutes sur feu doux, en remuant de temps en temps. Au moment de servir, parsemez la soupe de coriandre hachée. Servez avec quelques quartiers de citron.

Ragoût d'agneau aux petits légumes

25 minutes
45 minutes
6 personnes

Indispensable
pour casser le jeûne.

750 g de viande d'agneau

250 g de haricots verts

2 oignons

2 courgettes moyennes

1 gousse d'ail

4 brins de persil plat

1 bouquet garni

4 tomates

2 c. à s. d'huile d'olive

Sel, poivre

1. Faites chauffer une casserole d'eau bouillante. Plongez-y les tomates pendant 30 secondes puis rafraîchissez-les et ôtez-en la peau. Coupez en 2.

2. Épluchez et coupez les oignons en gros cubes. Épluchez et écrasez l'ail.

3. Lavez les légumes. Effilez et coupez les haricots en tronçons. Enlevez les extrémités des courgettes puis coupez-les en petits cubes.

4. Coupez la viande en gros cubes. Mettez la viande, les oignons et l'ail dans une cocotte à fond épais. Arrosez d'huile d'olive et faites dorer pendant 5 minutes.

5. Ajoutez le bouquet garni, salez et poivrez. Arrosez de 60 cl d'eau. Ajoutez les tomates et les haricots, mélangez bien et couvrez. Laissez cuire 30 minutes sur feu moyen. Retirez du feu, vérifiez l'assaisonnement puis incorporez les dés de courgettes. Continuez la cuisson pendant 15 minutes à couvert.

6. Quand la viande et les légumes sont cuits, retirez le bouquet garni. Décorez de brins de persil et servez sans attendre, dans sa cocotte.

• Notes :

Soupe de lentilles

20 minutes
40 minutes
6 personnes

Traditionnelle et toujours
aussi appréciée.

400 g de viande (agneau, bœuf ou poulet)

400 g de tomates pelées

300 g de lentilles blondes

2 pommes de terre

2 carottes

2 gousses d'ail

1 oignon

3 feuilles de laurier

2 c. à s. d'huile d'olive

1 c. à c. de cumin

1 c. à c. de cannelle

Sel, poivre

• Notes :

....

....

....

....

....

1. Coupez la viande en petits morceaux. Mixez les tomates pelées. Épluchez les pommes de terre et les carottes.

2. Coupez les carottes en rondelles et les pommes de terre en petits cubes. Hachez l'oignon et les gousses d'ail et faites-les revenir dans une cocotte avec l'huile d'olive.

3. Ajoutez les morceaux de viande. Relevez avec la cannelle, le cumin, le sel et le poivre.

4. Mélangez bien et laissez cuire 5 minutes sur feu moyen. Incorporez la purée de tomates. Mouillez d'1 litre d'eau.

5. Ajoutez enfin les rondelles de carottes, les dés de pommes de terre, les lentilles et les feuilles de laurier.

6. Fermez la cocotte et faites cuire 35 minutes sur feu moyen. Servez chaud, sans attendre.

Variante : remplacez les feuilles de laurier par des feuilles de menthe.

Soupe de plombs

Une soupe consistante qui fera
un excellent plat complet.

20 minutes
40 minutes
6 personnes

6 cuisses de poulet

300 g de plombs (pâtes)

400 g de chair de tomates (ou 3 tomates pelées)

150 g de pois chiches trempés

1 oignon

1 c. à s. de concentré de tomates

1 c. à s. de ras el hanout

2 c. à s. de coriandre fraîche

2 c. à s. d'huile d'olive

Sel et poivre

1. Hachez l'oignon et faites-le revenir dans une cocotte avec l'huile d'olive.
2. Ajoutez les cuisses de poulet. Relevez avec le ras el hanout, le poivre et le sel.
3. Mélangez bien et laissez cuire 5 minutes sur feu moyen. Incorporez la chair et le concentré de tomates.
4. Mélangez bien puis mouillez d'1 litre d'eau. Ajoutez enfin les pois chiches. Fermez la cocotte et faites cuire 20 minutes sur feu moyen.
5. Retirez du feu et ajoutez les plombs de pâte. Laissez mijoter 15 minutes sur feu doux, en remuant régulièrement.
6. Au moment de servir, parsemez la soupe de coriandre.

• Notes :

....

....

....

....

....

Chorba au poulet et langues d'oiseaux

30 minutes
40 minutes
6 personnes

Complète et très attendue !

400 g de poulet

400 g de chair de tomates

150 g de pois chiches trempés

80 g de pâtes « langues d'oiseaux »

1 oignon

1 c. à s. de ras el hanout

3 c. à s. d'huile d'olive

6 c. à s. de coriandre fraîche hachée

Piment (facultatif)

Sel, poivre

• Notes :

....

....

....

....

....

1. Coupez le poulet en morceaux.

2. Hachez l'oignon et faites-le revenir dans une cocotte avec l'huile d'olive.

3. Ajoutez les morceaux de poulet puis le ras el hanout. Laissez cuire 5 minutes sur feu moyen.

4. Ajoutez enfin les pois chiches et la chair de tomates (et le piment).

5. Mélangez bien puis mouillez d'1 litre et demi d'eau. Fermez la cocotte et faites cuire 20 minutes sur feu moyen.

6. En fin de cuisson, ajoutez les « langues d'oiseaux » et poursuivez la cuisson pendant 10 minutes.

7. Remuez de temps en temps avec une cuillère en bois.

8. Relevez avec le sel, le poivre et les épices. Au moment de servir, parsemez la soupe de coriandre hachée.

Velouté au chou-fleur

Un velouté onctueux et parfumé !

10 minutes
40 minutes
6 personnes

1 chou-fleur

3 pommes de terre

1 blanc de poireau

3 portions de fromage Kiri®

1 cube de bouillon de poulet

4 c. à s. de crème fraîche

2 noisettes de beurre

Sel, poivre

1. Détaillez le chou-fleur en bouquets et lavez-les soigneusement.

2. Nettoyez et coupez le blanc de poireau en rondelles.

3. Épluchez et détaillez les pommes de terre en petits dés.

4. Faites fondre le beurre dans une cocotte et ajoutez les légumes. Faites revenir 5 minutes puis couvrez d'eau.

5. Ajoutez le cube de bouillon et faites cuire 30 minutes sur feu moyen.

6. Retirez du feu puis passez la soupe au mixeur avec les portions de fromage Kiri.

7. Transvasez dans une cocotte et incorporez la crème fraîche. Relevez avec le sel et le poivre.

• Notes :

Velouté d'asperges et de cresson

30 minutes
40 minutes
6 personnes

Un velouté doux et au goût subtil.

400 g d'asperge

½ botte de cresson

1 cube de bouillon de volaille

30 cl de crème liquide entière

1 jaune d'œuf

1 c. à s. de farine

Sel, poivre

1. Versez 1 litre d'eau dans une cocotte. Ajoutez le cube de bouillon émietté et portez à ébullition.

2. Lavez et coupez les asperges en petits morceaux, en gardant les pointes. Mettez ces morceaux (sauf les pointes) dans le bouillon et laissez cuire 30 minutes.

3. Faites blanchir les pointes d'asperges dans une eau salée 5 à 7 minutes. Retirez-les et plongez-les immédiatement dans un bain d'eau glacée (pour fixer la chlorophylle). Réservez.

4. Lavez et épongez les feuilles de cresson (réservez quelques feuilles pour la déco). Mettez les asperges dans le bol du blender. Ajoutez les feuilles de cresson. Délayez la farine dans 10 cl de jus de cuisson et versez dans le bol. Mixez jusqu'à obtenir un velouté.

5. Versez la soupe dans une casserole, salez, poivrez et faites réchauffer, sur feu doux. Battez le jaune d'œuf et la crème dans la soupière. Incorporez dans la soupe, en remuant sans cesse.

6. Rectifiez l'assaisonnement si nécessaire. Servez sans attendre. Décorez de quelques pointes d'asperges et de feuilles de cresson.

• Notes :

....

....

....

....

....

Soupe à l'ail et à la harissa

30 minutes
50 minutes
6 personnes

Une soupe forte en goût.

1 5 gousses d'ail

2 carottes

1 gros poivron rouge

1 courgette

3 c. à s. d'huile d'olive

1 c. à s. de harissa

Sel, poivre

1. Lavez les légumes.
2. Épluchez et coupez les carottes en rondelles. Faites bouillir une petite casserole d'eau et plongez-y les carottes pendant 10 minutes. Égouttez.
3. Pelez et coupez les gousses d'ail en 2. Retirez les extrémités de la courgette et détaillez-la en petits cubes.
4. Retirez le pédoncule du poivron et coupez-le en petits morceaux. Faites chauffer l'huile dans une cocotte et ajoutez-y la courgette, le poivron, les carottes et l'ail.
5. Couvrez et laissez cuire 30 minutes en remuant régulièrement.
6. Mettez les légumes cuits dans le bol du blender et mixez jusqu'à obtenir un mélange homogène. Salez, poivrez et ajoutez la harissa.
7. Mélangez bien, puis réchauffez quelques minutes sur feu doux avant de servir.

• Notes :

....

....

....

....

....

Velouté aux petits pois

20 minutes
40 minutes
6 personnes

700 g de petits pois écossés
2 carottes
1 gousse d'ail
1 oignon
1 cube de bouillon de poulet
2 c. à s. d'huile
30 g de fromage parmesan
Sel, poivre

1. Épluchez et détaillez les carottes en petits dés. Pelez et hachez l'ail et l'oignon.

2. Faites chauffer l'huile dans une cocotte et ajoutez l'oignon et l'ail. Faites revenir 5 minutes puis ajoutez les carottes, les petits pois et le cube de bouillon. Couvrez d'eau et laissez mijoter sur feu moyen pendant 35 minutes.

3. Retirez du feu puis passez la soupe au blender avec le parmesan. Relevez avec le sel et le poivre. Servez sans attendre.

Velouté aux fèves

20 minutes
40 minutes
6 personnes

600 g de fèves
3 pommes de terre
1 gousse d'ail
1 oignon
1 cube de bouillon de poulet
3 c. à s. de crème fraîche
2 c. à s. d'huile
Sel, poivre

1. Épluchez et détaillez les pommes de terre en petits dés. Pelez et hachez l'ail et l'oignon.

2. Faites chauffer l'huile dans une cocotte et ajoutez l'oignon et l'ail. Faites revenir 5 minutes puis ajoutez les pommes de terre et le cube de bouillon. Couvrez d'eau et laissez mijoter sur feu moyen pendant 35 minutes.

3. Retirez du feu puis passez la soupe au blender avec la crème fraîche. Relevez avec le sel et le poivre. Servez sans attendre.

Les tajines

Tajine de légumes

35 minutes
40 minutes
6 personnes

Régalez-vous avec ce tajine sain et simple.

- 1 chou-fleur
- 4 pommes de terre
- 2 courgettes
- 2 carottes
- 2 oignons
- 2 gousses d'ail
- 400 g de chair de tomates
- 3 c. à s. de coriandre fraîche hachée
- 1 c. à c. de ras el hanout
- 2 c. à s. d'huile d'olive
- 1 cube de bouillon de légumes
- Sel, poivre

• Notes :

....

....

....

....

....

1. Lavez et pelez les pommes de terre et les carottes. Retirez les extrémités des courgettes. Détaillez les légumes en gros dés. Coupez le chou-fleur en bouquets et rincez-les. Pelez et émincez les oignons. Pelez et hachez les gousses d'ail. Diluez le cube de bouillon de légumes dans une casserole d'eau bouillante. Réservez.

2. Faites revenir les oignons et l'ail dans un fait-tout avec l'huile d'olive.

3. Ajoutez les carottes et les bouquets de chou-fleur. Mouillez avec 2 louches de bouillon. Portez sur feu doux, couvrez et laissez cuire 20 minutes, en surveillant régulièrement la cuisson. Lorsque le bouillon s'est évaporé, ajoutez les courgettes et la chair de tomates. Relevez avec le ras el hanout, le poivre et le sel.

4. Mouillez d'1 louche de bouillon de légumes et laissez mijoter pendant 20 minutes. Pendant ce temps, faites frire les pommes de terre dans une friteuse. Égouttez puis salez les pommes de terre frites.

5. En fin de cuisson, ajoutez les pommes de terre au tajine. Mélangez délicatement le tout. Saupoudrez de coriandre hachée et servez sans attendre.

Tajine de poulet et citrons confits

35 minutes
55 minutes
6 personnes

Le tajine par excellence !

6 petites cuisses de poulet

2 oignons

2 gousses d'ail

2 citrons confits

Le jus d'1 citron

50 g d'olives vertes

½ c. à c. de gingembre

½ c. à c. de paprika

½ c. à c. de cumin

4 c. à s. d'huile d'olive

½ bouquet de coriandre hachée

Sel, poivre

1. Pelez et hachez les oignons et les gousses d'ail.
2. Faites chauffer l'huile dans une cocotte (ou un plat à tajine), ajoutez les morceaux de poulet avec l'oignon et l'ail. Relevez avec les épices et mélangez bien.
3. Ajoutez le jus de citron et le sel.
4. Mouillez avec 2 grands verres d'eau, couvrez et laissez cuire 30 minutes sur feu moyen, en remuant de temps en temps.
5. Retirez les morceaux de poulet de la cocotte puis ajoutez l'écorce de citron confit coupée en lamelles et les olives.
6. Laissez mijoter au moins 20 minutes, jusqu'à ce que la sauce épaississe.
7. Déposez les cuisses de poulet dans la sauce et laissez mijoter 5 minutes.
8. Au moment de servir, saupoudrez le tajine de coriandre hachée.

• Notes :

....

....

....

....

....

Tajine tunisien

30 minutes
50 minutes
6 personnes

Il constitue à lui tout seul
un véritable plat complet.

6 œufs

3 cuisses de poulet

2 pommes de terre

125 g de gruyère râpé

½ boîte de persil plat

2 oignons

1 c. à c. de ras el hanout

3 c. à s. d'huile d'olive

Sel, poivre

1. Pelez et émincez les oignons.
2. Faites revenir les cuisses de poulet dans une cocotte avec l'huile d'olive. Ajoutez les oignons émincés et les épices. Salez et poivrez. Couvrez et laissez cuire 30 minutes en retournant les cuisses de poulet à mi cuisson.
3. Épluchez et coupez les pommes de terre en dés. Faites-les frire dans un bain d'huile et égouttez-les sur du papier absorbant. Salez légèrement.
4. Lavez et ciselez le persil. Désossez et effilez grossièrement les cuisses de poulet.
5. Préchauffez le four th. 6 (180 °C). Beurrez et farinez le plat à gratin.
6. Mélangez dans un saladier les dés de pommes de terre avec le poulet effilé. Ajoutez le gruyère râpé et le persil haché. Incorporez les œufs battus en omelette. Salez, poivrez et mélangez bien.
7. Versez la préparation dans le plat à gratin et faites cuire 20 minutes au four.
8. Laissez refroidir avant de couper le tajine en carrés.

• Notes :

....

....

....

....

....

Tajine de veau et cœurs d'artichauts

Équilibré et délicieux.

25 minutes
50 minutes
6 personnes

1. Pelez et hachez les oignons et les gousses d'ail. Détaillez le veau en petits morceaux.
2. Faites chauffer l'huile dans une cocotte (ou un plat à tajine), ajoutez les morceaux de veau avec l'oignon et l'ail.
3. Relevez avec le sel et les épices et mélangez bien.
4. Mouillez avec 3 grands verres d'eau, couvrez et laissez cuire 20 minutes sur feu moyen, en remuant de temps en temps.
5. Ajoutez le laurier, les petits pois et les fonds d'artichauts coupés en 4. Laissez mijoter au moins 20 minutes, sur feu doux.
6. Au moment de servir, saupoudrez le tajine de coriandre hachée.

700 g de veau (sans os)

1 kg de petits pois frais

6 fonds d'artichauts

2 oignons

2 gousses d'ail

2 feuilles de laurier

2 c. à s. de coriandre hachée

1 c. à c. de coriandre en poudre

4 c. à s. d'huile d'olive

Sel, poivre

• Notes :

....

....

....

....

....

Tajine de cabillaud aux légumes

25 minutes
40 minutes
6 personnes

Le tajine dans toute son originalité.

600 g de filet de cabillaud sans arêtes
2 oignons
2 gousses d'ail
4 courgettes
4 carottes
4 tomates
3 pommes de terre
2 c. à c. de ras el hanout
2 c. à s. de coriandre hachée
4 c. à s. d'huile d'olive
Sel, poivre

• Notes :

....

....

....

....

....

1. Pelez et hachez les oignons et les gousses d'ail. Faites chauffer l'huile dans une cocotte (ou un plat à tajine), ajoutez l'oignon et l'ail.

2. Faites revenir 5 minutes puis ajoutez tous les légumes coupés en mirepoix.

3. Relevez avec les épices et mélangez bien.

4. Mouillez avec 3 grands verres d'eau, couvrez et laissez cuire 20 minutes sur feu moyen, en remuant de temps en temps.

5. Coupez le cabillaud en gros cubes et ajoutez aux légumes.

6. Couvrez et laissez cuire 20 minutes dans le jus du tajine.

7. Au moment de servir, saupoudrez le tajine de coriandre hachée.

Tajine de saumon

25 minutes
35 minutes
6 personnes

Citronné à souhait, vous serez conquis !

1. Pelez et hachez les oignons et les gousses d'ail.
2. Dans un saladier, mélangez le jus de citron avec 3 cuillères à soupe d'huile d'olive, le ras el hanout, le citron confit coupé en petits morceaux, les oignons et les gousses d'ail hachés.
3. Badigeonnez les filets de saumon avec la sauce et laissez mariner 1 heure au frais.
4. Retirez le pédoncule des poivrons et détaillez-les en lamelles.
5. Faites chauffer l'huile dans une cocotte (ou un plat à tajine). Faites revenir les poivrons pendant 5 minutes puis ajoutez le saumon avec sa marinade.
6. Relevez avec le ras el hanout, le sel et le poivre. Mouillez avec 3 grands verres d'eau, couvrez et laissez cuire 30 minutes sur feu moyen, en remuant de temps en temps.
7. Au moment de servir, saupoudrez le tajine de coriandre hachée.

600 g de filets de saumon sans arêtes

1 citron confit

Le jus d'1 citron

2 oignons

2 gousses d'ail

2 poivrons verts

2 c. à c. de ras el hanout

2 c. à s. de coriandre hachée

6 c. à s. d'huile d'olive

Sel, poivre

• Notes :

Tajine kefta

20 minutes
20 minutes
6 personnes

Un incontournable du tajine.

600 g de viande hachée

2 œufs

2 oignons

2 gousses d'ail

2 c. à c. de ras el hanout

2 c. à s. de coriandre hachée + 1 c. à s. pour la déco

3 c. à s. d'huile d'olive

Sel, poivre

1. Pelez et hachez 1 oignon. Dans un saladier, malaxez la viande hachée avec les œufs, l'oignon haché, le persil, le ras el hanout, le sel et le poivre.

2. Pelez et émincez le 2e oignon. Faites-le revenir dans un fait-tout avec l'huile d'olive. Ajoutez 3 grands verres d'eau.

3. Formez des boulettes de viande hachée de la taille d'une noix et déposez-les au fur et à mesure dans la sauce.

4. Couvrez et laissez cuire 20 minutes. Rectifiez l'assaisonnement si nécessaire.

5. Au moment de servir, saupoudrez le tajine de coriandre hachée.

• Notes :

....

....

....

....

....

Tajine aux fèves et aux petits pois

20 minutes
45 minutes
6 personnes

600 g de viande de bœuf

400 g de fèves fraîches

200 g de petits pois

2 oignons

2 gousses d'ail

2 c. à c. de ras el hanout

2 c. à s. de coriandre hachée

3 c. à s. d'huile d'olive

Sel, poivre

1. Coupez la viande en petits morceaux.

2. Pelez et hachez les oignons et les gousses d'ail. Faites chauffer l'huile dans une cocotte (ou un plat à tajine), ajoutez l'oignon et l'ail.

3. Faites revenir 5 minutes puis ajoutez les morceaux de viande.

4. Relevez avec le ras el hanout, le sel et le poivre. Mélangez bien et mouillez avec 3 grands verres d'eau.

5. Couvrez et laissez cuire 10 minutes sur feu moyen, en remuant de temps en temps.

6. Ajoutez enfin les fèves et les petits pois et continuez la cuisson pendant 30 minutes. Rectifiez l'assaisonnement si nécessaire.

7. Au moment de servir, saupoudrez de coriandre hachée.

• Notes :

....

....

....

....

....

Tajine de poulet aux pistaches

1 heure
45 minutes
6 personnes

- 6 cuisses de poulet
- 2 oignons
- 2 gousses d'ail
- 4 c. à s. d'huile d'olive
- 1 cube de bouillon de poulet
- 2 c. à s. de ras el hanout
- 1 c. à c. de paprika en poudre
- Sel, poivre
- 300 g de couscous moyen
- 100 g de raisins blonds secs
- 150 g de pistaches
- 3 c. à s. de menthe hachée
- 2 c. à s. de coriandre
- 6 c. à s. d'huile

• Notes :

1. Pelez et hachez les oignons et les gousses d'ail. Faites chauffer l'huile dans une cocotte (ou un plat à tajine), ajoutez l'oignon et l'ail. Faites revenir 5 minutes puis ajoutez les cuisses de poulet. Relevez avec le ras el hanout, le paprika, le sel et le poivre. Mélangez et mouillez avec 3 grands verres d'eau. Ajoutez le cube de bouillon de poulet. Couvrez et laissez cuire 20 minutes sur feu moyen, en remuant.

2. Ajoutez les raisins secs, les pistaches et la coriandre. Laissez mijoter encore 15 minutes sur feu moyen. Ajoutez enfin les fèves et les petits pois et continuez la cuisson pendant 30 minutes. Rectifiez l'assaisonnement. Au moment de servir, saupoudrez de coriandre hachée.

3. Préparez la semoule : versez le couscous dans un grand plat. Ajoutez l'huile et mélangez. Aspergez d'1 verre d'eau froide et roulez la graine entre les mains. Laissez sécher 15 minutes. Aérez et travaillez le couscous avec les mains pour supprimer les grumeaux. La graine doit être lisse et ne doit pas coller. Faites cuire la graine à la vapeur pendant 20 minutes jusqu'à ce que la vapeur sorte par le haut.

4. Démoulez le couscous dans le grand plat. Salez et aspergez d'1 verre d'eau froide. Brassez et laissez refroidir 5 minutes. Ajoutez le beurre mou et travaillez la graine entre les mains pour défaire les grumeaux. Laissez gonfler 10 minutes. Roulez le couscous entre la paume des mains. Passez 20 minutes à la vapeur. Servez le tajine avec le couscous.

Tajine d'agneau aux fruits secs

Un tajine sucré salé traditionnel qui marquera les convives.

1 h 15
45 minutes
6 personnes

800 g d'épaule d'agneau
300 g de dattes fermes
150 g de raisins secs
40 g de beurre
1 oignon
2 c. à s. de sucre en poudre
Sel, poivre

Pour la farce :
200 g d'amandes moulues
80 g de sucre fin
1 œuf
1 c. à s. d'eau de fleur d'oranger

1. Pelez et émincez finement l'oignon. Coupez la viande en morceaux et faites revenir dans une cocotte avec le beurre et l'oignon pendant 10 minutes à feu doux. Salez, poivrez et sucrez.
2. Mouillez de 3 verres d'eau, couvrez et laissez cuire 45 minutes à feu moyen jusqu'à ce que la viande soit bien cuite et que la sauce devienne onctueuse.
3. Préparez une farce assez ferme en amalgamant dans une terrine la poudre d'amandes, le sucre, l'œuf et l'eau de fleur d'oranger.
4. Fendez, dénoyautez et fourrez les dattes de farce aux amandes.
5. Retirez la viande et remettez la cocotte sur le feu. Plongez les dattes fourrées dans la sauce et laissez mijoter 20 minutes sur feu doux jusqu'à ce que la sauce soit très réduite.
6. Disposez la viande chaude sur un lit de sauce et décorez avec les dattes fourrées.

• Notes :

35 minutes
1 heure
6 personnes

Tajine d'agneau aux poivrons

800 g de gigot d'agneau sans os

2 poivrons jaunes

2 poivrons rouges

2 oignons

2 grosses tomates

150 g d'olives noires dénoyautées

1 noisette de beurre

1 c. à c. de ras el hanout

1 c. à c. de gingembre frais râpé

1 feuille de laurier

Sel, poivre

• Notes :

....

....

....

....

....

1. Pelez et émincez finement l'oignon.

2. Coupez la viande en morceaux et faites revenir dans une cocotte avec le beurre et l'oignon pendant 10 minutes à feu doux.

3. Relevez avec les épices, le sel et le poivre.

4. Ajoutez 3 verres d'eau et le laurier. Couvrez et laissez cuire 20 minutes à feu moyen.

5. Pendant ce temps, détaillez les tomates en petits morceaux.

6. Retirez le pédoncule des poivrons puis coupez-les en fines lanières. Ajoutez les poivrons, les tomates et les olives dans la cocotte et continuez la cuisson pendant 30 minutes.

7. Rectifiez l'assaisonnement si nécessaire.

8. Servez sans attendre.

Tajine de perche aux légumes

25 minutes
1 heure
45 minutes
6 personnes

Pour la marinade :
2 gousses d'ail
1 c. à c. de paprika
1 c. à s. de coriandre fraîche
3 c. à s. d'huile d'olive
Le jus d'1 citron

Pour le tajine :
4 filets de perche
2 carottes pelées
2 bulbes de fenouil
2 gousses d'ail
3 oignons hachés
1 c. à s. d'huile d'olive
1 c. à s. de ras el hanout
1 c. à c. de gingembre frais
1 c. à s. de coriandre
Le jus d'un citron
Sel, poivre

1. Pelez et hachez les gousses d'ail. Dans un saladier, mélangez le jus de citron avec l'huile d'olive, le paprika, la coriandre et les gousses d'ail hachées. Badigeonnez les filets de perche avec la sauce et laissez mariner 1 heure au frais.

2. Pelez et hachez les oignons et les gousses d'ail. Faites chauffer l'huile dans une cocotte, ajoutez l'oignon et l'ail.

3. Faites revenir 5 minutes puis ajoutez les légumes coupés en mirepoix. Relevez avec les épices et mélangez bien.

4. Mouillez avec 3 grands verres d'eau, couvrez et laissez cuire 20 minutes sur feu moyen, en remuant de temps en temps.

5. Ajoutez les filets de perche et sa marinade dans la cocotte.

6. Couvrez et laissez cuire 20 minutes dans le jus du tajine. Au moment de servir, saupoudrez le tajine de coriandre hachée.

• Notes :

Tajine de bœuf patates douces et abricots

45 minutes
1 h 15
6 personnes

750 g de bœuf
3 patates douces
200 g d'abricots secs en morceaux
300 g de pois chiches trempés
40 g de raisins secs
2 noisettes de beurre
1 oignon
2 gousses d'ail
1 c. à s. de 4 épices au choix
75 cl de bouillon de volaille
Sel, poivre

• Notes :

1. Pelez et hachez les gousses d'ail et d'oignon.
2. Coupez la viande en morceaux et faites revenir dans une cocotte avec le beurre, l'ail et l'oignon pendant 10 minutes à feu doux.
3. Relevez avec les épices, le sel et le poivre.
4. Arrosez avec le bouillon de volaille. Couvrez et laissez cuire 30 minutes à feu moyen.
5. Pendant ce temps, épluchez et détaillez les patates douces en gros cubes.
6. Ajoutez les abricots, les raisins secs et les patates douces.
7. Continuez la cuisson pendant 30 minutes, en remuant de temps en temps. 15 minutes avant la fin de la cuisson, ajoutez les pois chiches. Rectifiez l'assaisonnement si nécessaire.
8. Servez sans attendre.

Tajine de petits pois aux œufs

20 minutes
50 minutes
6 personnes

300 g de viande hachée

300 g de petits pois (surgelés)

1 oignon

4 œufs

1 c. à s. d'huile

Sel, poivre noir

½ c. à c. de ras el hanout

1 c. à c. de coriandre hachée

4 c. à s. de coulis de tomates

75 cl de bouillon de volaille

Sel, poivre

1. Pelez et émincez l'oignon. Faites revenir dans un fait-tout avec l'huile d'olive.
2. Ajoutez le bouillon de volaille, les petits pois, le coulis de tomates et le ras el hanout. Couvrez et laissez cuire 20 minutes sur feu doux.
3. Pendant ce temps, malaxez, dans un saladier, la viande, la coriandre hachée, le sel et le poivre.
4. Formez des boulettes de viande hachée de la taille d'une noix et déposez-les au fur et à mesure dans la sauce.
5. Laissez cuire 15 minutes. Rectifiez l'assaisonnement si nécessaire.
6. En fin de cuisson cassez les œufs sur la préparation. Laissez juste cuire puis servez sans attendre.

• Notes :

....

....

....

....

....

Tajine de poulet aux poires

25 minutes
50 minutes
4 personnes

Salé et sucré : un tajine
plein de parfums d'exotisme.

- 4 morceaux de poulet
- 2 oignons moyens
- 4 belles poires
- 20 g de beurre
- 50 g d'amandes émondées
- 1 pincée de cannelle en poudre
- 1 pincée de coriandre en poudre
- 1 pincée de curcuma
- 2 c. à s. d'huile d'olive
- 3 c. à s. de miel
- 5 cl d'eau chaude
- Sel, poivre

• Notes :

....

....

....

....

....

1. Faites dorer les morceaux de poulet dans une cocotte, avec l'huile d'olive. Lorsque tous les morceaux sont bien dorés, ajoutez les oignons émincés, le curcuma, la cannelle et la coriandre. Relevez avec le sel et le poivre.

2. Mélangez et laissez revenir 5 minutes. Incorporez 2 verres d'eau, couvrez et faites mijoter 30 minutes à feu doux. Faites griller les amandes au four en mode « gril ».

3. Préparez les poires : coupez les poires en 2, pelez-les et retirez soigneusement avec un couteau pointu le cœur et les pépins, en prenant bien soin de ne pas abîmer la chair.

4. Faites fondre le beurre dans une poêle, ajoutez le miel et mélangez. Déposez les demi-poires dans la poêle, et faites-les dorer 5 minutes de chaque côté. Retirez du feu puis déglacez la poêle avec un fond d'eau chaude.

5. Lorsque le poulet est cuit, ajoutez délicatement les poires dans la cocotte sans les casser. Arrosez de jus de cuisson (miel et beurre). Couvrez et laissez les saveurs sucrées-salées s'imprégner. Servez chaud accompagné de blé précuit (Ebly) ou de couscous.

Tajine de bœuf aux courgettes

20 minutes
45 minutes
6 personnes

Un classique tout simplement indémodable.

500 g de bœuf
400 g de chair de tomates
3 courgettes
2 oignons hachés
2 gousses d'ail
2 c. à s. d'huile d'olive
1 c. à c. de ras el hanout ou 4 épices au choix
3 c. à s. de persil plat haché (ou coriandre)
1 citron
Quelques amandes émondées et grillées
Sel, poivre

1. Pelez et hachez les oignons et les gousses d'ail. Lavez et coupez les courgettes en 2 dans le sens de la longueur puis en demi-rondelles 1 cm. Coupez le bœuf en gros cubes.
2. Faites chauffer l'huile d'olive dans une cocotte. Ajoutez les oignons hachés et les morceaux de viande et faites revenir à feu doux, en remuant de temps en temps.
3. Incorporez la chair de tomates, l'ail et 1 c. à s. de persil plat haché. Relevez avec le ras el hanout, le poivre et le sel. Incorporez 50 cl d'eau et mélangez bien.
4. Couvrez et laissez cuire 25 minutes sur feu moyen. Ajoutez les courgettes et continuez la cuisson pendant 20 minutes sur feu doux.
5. Au moment de servir, parsemez d'amandes grillées.

• Notes :

....
....
....
....
....

Tajine d'agneau aux figues et aux noix

30 minutes
50 minutes
1 heure
6 personnes

L'alliance subtile des fruits et des épices.

- 1 kg d'agneau
- 2 oignons
- 2 gousses d'ail
- 1 c. à c. de safran
- 2 c. à s. d'huile d'olive
- 3 c. à s. de coriandre fraîche hachée
- Sel, poivre
- 1 kg de petites figues fraîches
- 200 g de noix
- 50 g de beurre
- 1 c. à s. de miel
- 1 c. à c. de cannelle
- 1 c. à c. de gingembre

1. Pelez et hachez les oignons et les gousses d'ail. Coupez l'agneau en gros cubes.

2. Faites chauffer l'huile d'olive dans une cocotte et faites-y revenir les oignons hachés et les morceaux de viande, sur feu doux.

3. Salez, poivrez. Incorporez 50 cl d'eau et mélangez bien. Couvrez et laissez cuire 40 minutes sur feu moyen. La sauce doit réduire de moitié.

4. Pendant ce temps, mélangez la cannelle et le gingembre dans un fond d'eau. Faites mariner les figues dans ce mélange pendant 1 heure au frais. Faites fondre le beurre dans une poêle puis ajoutez le miel et les figues.

5. Faites-les caraméliser quelques minutes en les retournant délicatement. Retirez les figues puis mélangez les noix dans le jus de cuisson.

6. Déposez les morceaux de viande dans un plat de service et dispersez sur le dessus les figues au miel. Parsemez de noix et servez sans attendre.

• Notes :

....

....

....

....

....

Tajine sucré-salé aux pruneaux

40 minutes
1 h 15
6 personnes

1. Coupez la viande en petits morceaux puis faites-les revenir dans une cocotte avec l'huile d'olive.

2. Ajoutez la cannelle, 75 g de sucre et 3 bols d'eau. Salez, poivrez puis fermez la cocotte et laissez cuire 30 minutes sur feu moyen.

3. Retirez la cocotte du feu. Ajoutez les pruneaux, les abricots secs et 75 g de sucre. Laissez cuire à feu doux pendant 30 minutes, jusqu'à ce que la sauce réduise.

4. Déposez la viande au centre du plat et les fruits tout autour.

5. Arrosez de sauce et parsemez le plat d'amandes grillées. Servez sans attendre.

1 kg d'agneau

300 g de pruneaux d'Agen

150 g d'abricots secs

50 g d'amandes grillées

150 g de sucre en poudre

4 c. à s. d'huile d'olive

1 c. à c. de cannelle

Sel, poivre

• Notes :

Tajine poulet, olives et pommes de terre

25 minutes
50 minutes
6 personnes

6 cuisses de poulet

1 kg de pommes de terre

3 oignons

250 g d'olives vertes

2 cubes de bouillon de volaille

4 c. à s. de coriandre fraîche hachée

1 c. à s. de ras el hanout

1 c. à c. de safran

2 c. à s. d'huile d'olive

1 citron confit (facultatif)

Sel, poivre

1. Pelez et émincez les oignons. Chauffez l'huile dans une cocotte et faites-y revenir les oignons et les cuisses de poulet.

2. Émiettez les cubes de bouillon dans la cocotte. Relevez avec le ras el hanout, le safran, le sel et le poivre. Couvrez d'eau et laissez mijoter 10 minutes.

3. Pendant ce temps, faites blanchir les olives dans une casserole d'eau jusqu'à frémissement, renouvelez cette opération 2 fois. Épluchez et coupez les pommes de terre en 4 dans le sens de la longueur.

4. Retirez la cocotte du feu puis ajoutez les olives, les quartiers de pommes de terre et de citron confit. Goûtez et rectifiez l'assaisonnement si nécessaire.

5. Couvrez et continuez la cuisson 30 minutes sur feu doux. Au moment de servir, saupoudrez de coriandre hachée.

Variante : après 20 minutes de cuisson, transvasez le tajine dans un plat allant au four et terminez la cuisson au four pendant 15 minutes en mode « gril ». Les pommes de terre et le poulet auront ainsi un aspect plus coloré.

• Notes :

....

....

....

....

....

Pâtes, riz et semoules

Tagliatelles à la crème de citron

15 minutes
15 minutes
6 personnes

Rapide, facile
et délicieux.

600 g de tagliatelles
15 cl de crème fraîche liquide
25 cl de lait
25 cl de bouillon de légumes
2 jaunes d'œufs
1 zeste de citron
1 jus de citron
4 feuilles de basilic hachées
6 c. à s. d'huile d'olive
2 c. à s. de farine
Sel, poivre

• Notes :

1. Faites chauffer l'huile dans une casserole, ajoutez la farine et mélangez bien.
2. Retirez du feu puis ajoutez le jus et le zeste de citron. Incorporez le lait et le bouillon.
3. Remettez la casserole sur le feu, sans cesser de remuer jusqu'à ce la sauce épaississe.
4. Ajoutez les jaunes d'œufs et la crème fraîche. Salez, poivrez et mélangez bien.
5. Faites cuire les tagliatelles dans une casserole d'eau bouillante salée, jusqu'à ce qu'elles soient « al dente ».
6. Égouttez les pâtes et répartissez-les dans les assiettes et nappez de crème au citron. Parsemez de basilic haché et servez sans attendre.

Riz épicé aux amandes

15 minutes
15 minutes
6 personnes

Il accompagnera à merveille les tajines sucrés-salés.

1. Faites cuire le riz selon les indications figurant sur le paquet. Égouttez.
2. Diluez le concentré de tomates avec le sucre dans un fond d'eau.
3. Chauffez l'huile dans une grande poêle.
4. Ajoutez les épices, le riz, le concentré de tomates et les raisins secs.
5. Mélangez bien et faites revenir 5 minutes.
6. Rectifiez l'assaisonnement.
7. Parsemez d'amandes grillées et servez sans attendre.

250 g de riz basmati

20 g de raisins secs

25 g d'amandes grillées

½ c. à c. de cannelle en poudre

1 pincée de curcuma en poudre

2 c. à s. d'huile

½ c. à c. de concentré de tomates

1 pincée de sucre en poudre

Sel, poivre

• Notes :

Riz aux crevettes

15 minutes
20 minutes
6 personnes

450 g de riz basmati
300 g de crevettes décortiquées
200 g de champignons
200 g de petits pois en conserve
2 oignons coupés en fines rondelles
30 cl de yaourt nature
2 c. à s. de concentré de tomates
2 c. à s. de jus de citron
1 pincée de cannelle en poudre
Sel, poivre

1. Pelez et émincez les oignons.
2. Chauffez l'huile dans une grande poêle et faites-y revenir les oignons, les crevettes et les champignons.
3. Au bout de 10 minutes de cuisson, incorporez le yaourt, le concentré de tomates, le jus de citron, les petits pois égouttés et la cannelle en poudre.
4. Salez et poivrez et mélangez bien. Laissez mijoter 10 minutes.
5. Faites cuire le riz selon les indications figurant sur le paquet. Égouttez.
6. Mélangez le riz avec la sauce et servez sans attendre.

• Notes :

....

....

....

....

....

Nouilles aux artichauts

25 minutes
40 minutes
6 personnes

400 g de nouilles

6 fonds d'artichauts

700 g de tomates mûres

1 oignon

2 gousses d'ail

2 c. à c. de persil haché

2 c. à s. d'huile d'olive

1 c. à c. de sucre en poudre

Harissa (facultatif)

Sel, poivre

1. Préparez la sauce tomate : détaillez les fonds d'artichauts en brunoise. Passez les tomates au mixeur.

2. Pelez et hachez les gousses d'ail et l'oignon. Faites revenir l'émincé d'artichauts, l'ail et l'oignon dans une poêle avec de l'huile.

3. Incorporez la purée de tomates (et la harissa), puis laissez mijoter 30 minutes, en remuant de temps en temps.

4. Salez, sucrez et poivrez.

5. Plongez les nouilles dans une casserole d'eau bouillante pendant 10 minutes. Égouttez.

6. Répartissez les nouilles nappées de sauce tomate. Saupoudrez de persil et servez sans attendre.

• Notes :

....

....

....

....

....

Pâtes au pistou

10 minutes
10 minutes
6 personnes

Pour un repas simple et convivial.

400 g de pâtes (au choix)

1 c. à s. de basilic

2 gousses d'ail

4 c. à s. d'huile d'olive

Parmesan râpé

Sel

1. Faites bouillir une casserole d'eau salée. À ébullition, jetez-y les pâtes et laissez cuire 10 minutes.
2. Pelez l'ail. Lavez et épongez les feuilles de basilic. Mettez l'ail et le basilic dans le bol du blender.
3. Ajoutez 1 cuillère à soupe d'huile.
4. Mixez, en incorporant peu à peu le reste d'huile par l'orifice du couvercle.
5. Égouttez les pâtes et disposez-les sur un plat de service.
6. Nappez de sauce au pistou et mélangez bien. Parsemez de fromage râpé et servez sans attendre.

• Notes :

Spaghettis aux légumes

Simple et très tendance…

25 minutes
40 minutes
6 personnes

450 g de spaghettis
2 aubergines
2 poivrons verts
2 gousses d'ail
1 kg de tomates bien mûres
1 cube de bouillon de bœuf
4 c. à s. d'huile d'olive
1 pincée de thym
1 c. à c. de basilic
1 pincée de paprika
Huile pour friture
Sel, poivre

1. Pelez et hachez l'ail. Retirez le pédoncule des poivrons et détaillez-les en petits dés. Faites-les revenir à la poêle avec l'huile d'olive. Ajoutez l'ail, les tomates concassées, le thym, le paprika et le cube de bouillon.

2. Mouillez avec 1 grand verre d'eau et laissez mijoter 30 minutes.

3. Pendant ce temps, pelez et coupez les aubergines en petits dés.

4. Faites-les frire puis égouttez-les sur du papier absorbant. Ajoutez les aubergines à la sauce tomate. Salez et poivrez.

5. Plongez les spaghettis dans une casserole d'eau bouillante salée, et laissez cuire 10 minutes. Égouttez.

6. Répartissez les pâtes, nappées de sauce tomate-poivron-aubergine. Saupoudrez de basilic et servez sans attendre.

• Notes :

Couscous au lait

35 minutes
1 h 45
6 personnes

200 g de fèves sèches

1 litre de lait

2 c. à s. de sucre en poudre

Pour la graine de couscous :

800 g de semoule de couscous moyenne

8 c. à s. d'huile

25 g de beurre

Sel

• Notes :

1. La veille, disposez les fèves dans un saladier, couvrez d'eau et laissez tremper toute la nuit. Versez un litre d'eau dans une cocotte, ajoutez les fèves, salez et faites bouillir 1 heure, jusqu'à ce que les fèves soient bien tendres.

2. Pendant ce temps, préparez le couscous : versez la semoule dans un grand plat. Ajoutez 8 cuillères à soupe d'huile. Mélangez avec vos mains puis mouillez d'un grand bol d'eau. Laissez reposer 10 minutes jusqu'à ce que la semoule absorbe l'eau et gonfle.

3. Roulez la semoule de couscous entre vos mains jusqu'à ce que la graine soit bien détachée. Remplissez la partie basse du couscoussier à moitié d'eau, et portez à ébullition. Déposez la semoule dans la partie haute du couscoussier. Placez sur la marmite et laissez cuire 20 minutes jusqu'à ce que la vapeur s'échappe à travers.

4. Retirez du feu. Versez la semoule dans le grand plat et humectez d'1 bol d'eau. Aérez la graine à l'aide d'une cuillère en bois. Salez, mélangez et laissez reposer 10 minutes. Égrenez le couscous entre les mains, écrasez les grumeaux et lissez la graine. Passez une seconde fois à la vapeur pendant 20 minutes. Versez le couscous dans le grand plat et incorporez le beurre pour adoucir la graine. Ajoutez enfin les fèves et mélangez. Disposez dans un grand plat de service. Versez le lait dans une casserole. Ajoutez le sucre et faites bouillir. Disposez le couscous dans les assiettes individuelles. Arrosez de lait. Laissez absorber 5 minutes avant de servir.

Couscous aux fruits d'été

20 minutes
40 minutes
6 personnes

200 g de pastèque sans pépins

200 g de raisins

200 g de grenade

5 c. à s. de sucre en poudre

1 c. à s. de sucre glace

Pour la graine de couscous :

600 g de semoule de couscous moyenne

6 c. à s. d'huile

Sel

1. Versez la semoule de couscous dans un grand plat. Versez la semoule dans un grand plat. Ajoutez 6 cuillères à soupe d'huile. Mélangez avec vos mains puis mouillez d'un grand bol d'eau. Laissez reposer 10 minutes jusqu'à ce que la semoule absorbe l'eau et gonfle.

2. Roulez la semoule de couscous entre vos mains jusqu'à ce que la graine soit bien détachée. Remplissez la partie basse du couscoussier à moitié d'eau, et portez à ébullition. Déposez la semoule dans la partie haute du couscoussier. Placez sur la marmite et laissez cuire 20 minutes jusqu'à ce que la vapeur s'échappe abondamment à travers le couscous.

3. Retirez du feu. Versez la semoule dans le grand plat et humectez d'1 bol d'eau. Aérez la graine à l'aide d'une cuillère en bois. Salez, mélangez et laissez reposer 10 minutes. Égrenez le couscous entre les mains, écrasez les grumeaux et lissez la graine. Passez une seconde fois à la vapeur pendant 20 minutes. Versez le couscous dans le grand plat et incorporez le beurre pour adoucir la graine. Ajoutez enfin le sucre et mélangez bien.

4. Égrenez la grenade et incorporez les grains à la semoule. Mélangez soigneusement. Lavez le raisin. Découpez la pastèque en cubes. Versez le couscous dans un moule à savarin. Tassez-le pour ne pas écraser les grains de grenade. Démoulez le couscous dans un plat rond et plat. Disposez au centre les grains de raisin. Décorez tout autour avec les morceaux de pastèque. Saupoudrez de sucre glace et servir frais.

• Notes :

Couscous bœuf-carottes

45 minutes
1 h 35
6 personnes

Pour la graine de couscous :
700 g de semoule de couscous fine
100 g de raisins secs
6 c. à s. d'huile
25 g de beurre
Sel

Pour le bouillon :
1 kg de bœuf (collier ou épaule)
500 g de potiron
6 carottes
380 g de tomates pelées avec leur jus
4 oignons
250 g de pois chiches trempés (en conserve)
4 c. à s. d'huile
1 c. à s. de ras el hanout
Sel, poivre

• Notes :

....

....

....

....

....

1. Pelez les oignons et hachez-les. Chauffez l'huile dans une marmite et faites revenir les morceaux de bœuf. Ajoutez les oignons. Relevez avec le sel, le poivre et le ras el hanout. Incorporez les tomates pelées, et laissez mijoter pendant 15 minutes. Épluchez la tranche de potirons. Coupez la chair en cubes. Épluchez les carottes et coupez-les en tronçons.

2. Versez les légumes dans la cocotte. Recouvrez largement d'eau et laissez cuire environ 40 minutes sur feu moyen. En fin de cuisson, ajoutez les pois chiches égouttés. Préparez la semoule : versez la semoule dans un grand plat. Ajoutez 6 cuillères à soupe d'huile. Mélangez avec vos mains puis mouillez d'un grand bol d'eau. Laissez reposer 10 minutes jusqu'à ce que la semoule absorbe l'eau et gonfle. Roulez la semoule de couscous entre vos mains jusqu'à ce que la graine soit bien détachée. Remplissez la partie basse du couscoussier à moitié d'eau, et portez à ébullition.

3. Déposez la semoule dans la partie haute du couscoussier. Placez sur la marmite et laissez cuire 20 minutes jusqu'à ce que la vapeur s'échappe à travers le couscous. Retirez du feu. Versez la semoule dans le grand plat et humectez d'1 bol d'eau. Aérez la graine à l'aide d'une cuillère en bois. Salez, mélangez et laissez reposer 10 minutes. Égrenez le couscous entre les mains, écrasez les grumeaux et lissez la graine. Incorporez les raisins secs. Passez une seconde fois à la vapeur pendant 20 minutes. Versez le couscous dans le grand plat et incorporez le beurre pour adoucir la graine. Présentez le couscous dans un grand plat, placez la viande au centre puis décorez de légumes. Servez la sauce à part.

Riz à l'ananas

15 minutes
10 minutes
6 personnes

1. Pelez et émincez l'échalote.
2. Détaillez les tranches d'ananas en petits dés.
3. Chauffez l'huile dans une grande poêle et faites-y revenir l'échalote et l'ananas.
4. Relevez avec le sel, le poivre, la cannelle et la coriandre.
5. Faites cuire le riz selon les indications figurant sur le paquet.
6. Égouttez.
7. Mélangez le riz à la sauce et servez sans attendre.

400 g de riz

1 boîte d'ananas

1 échalote

1 pincée de cannelle

1 c. à s. de coriandre hachée

1 c. à s. d'huile d'olive

Sel et poivre

• Notes :

....

....

....

....

....

Torsades au poulet

15 minutes
10 minutes
6 personnes

2 blancs de poulet

300 g de torsades de couleur

30 g d'olives noires

20 g de parmesan

10 tomates cerises

4 c. à s. d'huile d'olive

2 c. à s. de jus de citron

1 c. à c. de ciboulette hachée

Sel, poivre

1. Faites chauffer l'huile dans une poêle.
2. Ajoutez les blancs de poulet et faites légèrement dorer. Coupez la viande en petits cubes.
3. Plongez les torsades dans une casserole d'eau bouillante salée, pendant 10 minutes.
4. Égouttez puis incorporez l'huile d'olive et le jus de citron.
5. Ajoutez les dés de poulet, les tomates cerises et les olives. Mélangez bien.
6. Répartissez dans les assiettes.
7. Saupoudrez de parmesan et de ciboulette. Servez très frais.

• Notes :

....

....

....

....

....

Couscous du 27e jour

60 minutes
45 minutes
6 personnes

1. Préparez la semoule : versez la semoule de couscous dans un grand plat. Arrosez d'un bol d'eau. Ajoutez 6 cuillères à soupe d'huile, puis mélangez avec vos mains. Laissez reposer 15 minutes jusqu'à ce que la semoule absorbe l'eau et gonfle. Roulez la semoule de couscous entre vos mains jusqu'à ce que la graine soit détachée. Remplissez la partie basse du couscoussier à moitié d'eau, et portez à ébullition. Déposez la semoule dans la partie haute du couscoussier. Placez sur la marmite et laissez cuire 20 minutes jusqu'à ce que la vapeur s'échappe.

2. Retirez du feu. Versez la semoule dans le grand plat et humectez d'1 bol d'eau. Aérez la graine à l'aide d'une cuillère en bois. Salez, mélangez et laissez reposer 10 minutes. Ajoutez 2 cuillères à soupe d'huile et égrenez le couscous entre vos mains, écrasez les grumeaux et lissez la graine.Passez une seconde fois à la vapeur pendant 20 minutes. Versez le couscous dans le grand plat et incorporez le beurre pour adoucir la graine. Disposez dans un plat de service. Préparez le bouillon : épluchez les carottes, les navets et les pommes de terre. Coupez-les en quartiers. Pelez et hachez les oignons.

3. Dans une cocotte, faites revenir les morceaux de veau avec l'huile. Ajoutez les oignons hachés. Relevez avec le sel, le poivre et le ras el hanout. Laissez mijoter 5 minutes puis incorporez la chair de tomates. Ajoutez les légumes dans la cocotte avec les pois chiches et le piment entier. Recouvrez d'1 litre et demi d'eau. Fermez la cocotte et laissez cuire 35 minutes sur feu moyen. Répartissez le couscous dans les assiettes de service. Creusez au centre et placez les légumes. Arrosez la semoule de sauce et déposez un morceau de viande sur chaque assiette.

Pour la graine de couscous :

800 g de semoule de couscous fine
8 c. à s. d'huile
25 g de beurre
Sel

Pour le bouillon :

1 kg de jarret de veau
400 g de chair de tomates
250 g de pois chiches égouttés
4 carottes, 4 navets
2 pommes de terre
2 oignons
1 piment entier
2 c. à s. d'huile
1 c. à s. de ras el hanout
Sel, poivre

• Notes :

....

....

....

....

....

Couscous veau-potiron

40 minutes
1 h 40
4 personnes

Pour le couscous :

450 g de semoule de couscous fine

4 c. à s. à soupe d'huile

Sel

Pour le bouillon :

600 g de veau (collier ou épaule)

350 g de potiron

250 g de tomates concassées

150 g de pois chiches

2 oignons

2 gousses d'ail

1 c. à c. de ras el hanout

Sel, poivre

- Notes :

1. Préparez la semoule : versez la semoule de couscous dans un grand plat. Ajoutez l'huile puis mélangez entre vos mains. Ajoutez 1 bol d'eau, mélangez et laissez gonfler 10 minutes. Roulez ensuite la semoule entre vos mains jusqu'à ce que la graine soit détachée. Versez le couscous dans la partie haute du couscoussier et faites cuire le couscous à la vapeur 15 minutes. Retirez du feu puis versez la semoule chaude dans un grand plat. Humectez d'un bol d'eau. Laissez absorber quelques minutes. Salez puis roulez le couscous entre vos mains pour lisser la graine. Passez une deuxième fois à la vapeur pendant 15 minutes. Retirez du feu lorsque la vapeur s'échappe. Versez le couscous dans un grand plat creux puis servez chaud avec le bouillon.

2. Préparez le bouillon : coupez la viande en morceaux d'environ 5 cm. Pelez et hachez les oignons et les gousses d'ail. Chauffez l'huile dans une marmite et faites revenir la viande et les oignons. Ajoutez les tomates concassées et le ras el hanout. Salez et poivrez et laissez revenir 10 minutes en remuant.

3. Égouttez les pois chiches. Épluchez le potiron. Enlevez les graines et les parties filandreuses puis coupez en cubes. Ajoutez les cubes de potiron et les pois chiches dans la cocotte. Recouvrez d'eau et laissez cuire 1 heure sur feu moyen. Dressez le couscous dans un grand plat creux. Servez la sauce et les légumes à part.

Riz aux épices et aux légumes

30 minutes
25 minutes
6 personnes

Un délicieux riz
avec une nuance asiatique.

600 g de riz

2 carottes

300 g de petits pois

1 oignon

1 cube de bouillon de volaille

2 c. à c. de safran

1 c. à c. de girofle en poudre

1 c. à c. de coriandre en poudre

3 pincées de poivre

2 c. à s. d'huile d'olive

Sel

1. Diluez le cube de bouillon de volaille dans un fond d'eau tiède.
2. Épluchez et émincez les oignons. Pelez et coupez les carottes en rondelles.
3. Mesurez le riz et préparez 2 fois son volume d'eau.
4. Chauffez l'huile dans une cocotte et faites revenir les carottes avec les oignons et les 4 épices (safran, girofle, coriandre et poivre).
5. Ajoutez le riz, mélangez et laissez revenir 2 minutes. Incorporez le bouillon de volaille et l'eau préparée.
6. Couvrez et laissez cuire 20 minutes sur feu moyen, jusqu'à ce que le riz ait absorbé l'eau.
7. Égouttez les petits pois et ajoutez au riz.
8. Mélangez délicatement, goûtez et rectifiez l'assaisonnement si nécessaire.
9. Servez sans attendre.

• Notes :

....

....

....

....

....

Tlitli au poulet

30 minutes
1 heure
6 personnes

Un plat très copieux : prévoyez plus léger en accompagnement.

1 poulet

500 g de langues d'oiseau (pâtes)

100 g de pois chiches

1 oignon

3 œufs

2 c. à s. d'huile d'olive

4 c. à s. d'huile

50 g de beurre

Sel, poivre

• Notes :

....

....

....

....

....

1. Déposez les œufs dans une casserole d'eau froide et portez 10 minutes à ébullition. Laissez refroidir et écalez les œufs. Réservez. Pelez et hachez l'oignon. Coupez le poulet en morceaux et faites-les dorer dans une cocotte avec l'huile d'olive et l'oignon haché. Salez, poivrez et mouillez de 50 cl d'eau. Ajoutez les pois chiches, couvrez et faites cuire 30 minutes sur feu moyen.

2. Versez les pâtes dans un grand plat, arrosez de 4 cuillères à soupe d'huile et d'un bol d'eau. Laissez absorber 2 minutes et mélangez avec vos mains afin d'éviter que les pâtes collent entre elles. Mettez les langues d'oiseau dans la partie haute du couscoussier. Remplissez à moitié d'eau la partie basse du couscoussier et passez à la vapeur pendant 20 minutes. Versez les pâtes dans le grand plat, beurrez, salez et humectez à nouveau d'un verre d'eau. Passez à la vapeur une seconde fois.

3. Retirez les morceaux de poulet de la cocotte et réservez au chaud. Versez les pâtes dans la cocotte. Mélangez bien et portez sur feu très doux jusqu'à ce que les pâtes absorbent complètement la sauce. Présentez les pâtes dans un grand plat creux de service. Garnissez de poulet. Coupez les œufs durs en 2 et décorez-en le plat. Servez chaud.

Tagliatelles aux légumes verts

20 minutes
15 minutes
6 personnes

1. Effilez les haricots verts, écossez les petits pois, et lavez les légumes.

2. Faites bouillir trois casseroles d'eau salée dans lesquelles vous jetterez les brocolis, les haricots verts coupés en deux et les petits pois. Laissez cuire 15 minutes les brocolis et les petits pois et 10 minutes les haricots verts.

3. Égouttez les légumes et réservez.

4. Portez une grande casserole d'eau à ébullition. Salez et ajoutez une cuillère à soupe d'huile d'olive. Plongez-y les pâtes et faites cuire 10 minutes environ pour que les tagliatelles soient « al dente ».

5. Égouttez, puis incorporez les légumes aux pâtes.

6. Préparez la sauce vinaigrette : versez l'huile d'olive dans le bol, ajoutez le vinaigre balsamique, le basilic, l'origan, le poivre et le sel. Mélangez bien et réservez au frais.

7. Versez la sauce sur les tagliatelles aux légumes juste avant de servir.

400 g de tagliatelles

200 g de petits pois

200 g de petits bouquets de brocoli

200 g de haricots verts

Pour la sauce :

8 c. à s. d'huile d'olive

6 c. à s. de vinaigre balsamique

1 c. à c. de basilic haché

1 c. à c. d'origan haché

Sel, poivre

• Notes :

Coquillettes aux fruits de mer

15 minutes
20 minutes
6 personnes

300 g de coquillettes

100 g de moules

100 g de crevettes

5 c. à s. de mayonnaise

Le jus d'1 citron

1 c. à c. d'estragon

1. Portez une grande casserole d'eau à ébullition. Salez et ajoutez une cuillère à soupe d'huile d'olive. Plongez-y les pâtes et faites-les cuire 10 minutes. Égouttez.

2. Versez le jus de citron dans un saladier. Ajoutez les moules, les crevettes et les coquillettes. Incorporez la mayonnaise. Mélangez bien puis parsemez d'estragon. Servez très frais.

Riz cantonais

10 minutes
15 minutes
4 personnes

400 g de riz parfumé

150 g de petits pois

2 œufs

2 tranches de jambon

1 c. à c. de persil haché

1 cube de bouillon de volaille

Sel, poivre

1. Portez une casserole d'eau salée à ébullition. Délayez le cube de bouillon de volaille dans l'eau puis ajoutez le riz. Faites cuire le riz pendant 15 minutes à couvert.

2. Égouttez et rafraîchissez le riz. Cassez les œufs dans un bol, ajoutez le persil, salez légèrement, poivrez. Faites fondre le beurre dans une poêle et préparez une omelette fine. Laissez refroidir et coupez l'omelette en fines lanières.

3. Égouttez les petits pois. Coupez les tranches de jambon en petits dés. Mélangez, dans un saladier, le riz, les dés de jambon, les lanières d'œufs et les petits pois. Servez nature ou arrosé d'une vinaigrette.

Les viandes

Blancs de poulet aux graines de sésame

20 minutes
10 minutes
1 heure
6 personnes

Simplissime et très raffiné.

6 blancs de poulet

2 gousses d'ail

3 c. à s. de graines de sésame dorées

2 c. à s. d'huile d'olive

3 c. à s. de sauce soja

40 g de beurre

Le jus de 2 citrons

Sel et poivre

1. Pelez et hachez les gousses d'ail. Mélangez le jus de citron avec l'ail, la sauce soja et l'huile d'olive.

2. Salez très légèrement et poivrez. Coupez les blancs de poulet en morceaux.

3. Badigeonnez-les généreusement de sauce et laissez-les mariner au moins 1 heure au réfrigérateur.

4. Versez les graines de sésame dans une assiette. Roulez chaque morceau de poulet dans les graines de sésame puis embrochez-les au fur et à mesure.

5. Faites cuire les brochettes dans une poêle bien chaude avec le beurre, 3 à 5 minutes en les retournant souvent. Servez les brochettes encore chaudes avec sa marinade.

6. Variante : remplacez le soja et le citron par un coulis de tomates.

• Notes :

....

....

....

....

....

Aumônières poulet, poireaux et pommes de terre

40 minutes
50 minutes
2 heures
6 personnes

Pour la pâte à crêpes :
4 verres de lait
3 œufs
3 verres de farine
1 c. à s. d'huile
Sel

Pour la purée :
300 g de pommes de terre
10 cl de lait
10 cl de crème fraîche
20 g de beurre
1 pincée de muscade
Sel

Pour la farce :
200 g de blancs de poulet
1 blanc de poireau
250 g d'emmental râpé
20 g d'olives vertes dénoyautées
2 c. à s. de persil haché
50 g de beurre
4 c. à s. d'huile d'olive
Sel, poivre

• Notes :

1. Préparez la pâte à crêpe : mélangez la farine et le sel dans un grand bol. Fouettez les œufs avec le lait et l'huile. Incorporez la farine et fouettez jusqu'à obtenir une pâte lisse. Laissez reposer 2 heures au frais. Pendant ce temps, préparez la purée : épluchez et coupez les pommes de terre en morceaux. Faites-les cuire 20 minutes dans une eau salée. Passez-les au moulin à légumes. Ajoutez le beurre, le lait, la crème fraîche, le sel et la muscade. Préparez la farce : chauffez 2 cuillères à soupe d'huile d'olive dans une poêle et faites-y revenir les blancs de poulet, 2 minutes de chaque côté, sans les faire dorer. Effilez-les.

2. Faites blanchir les olives 2 fois de suite dans une casserole d'eau bouillante. Égouttez-les et coupez-les en rondelles. Nettoyez le blanc de poireau puis coupez-le en rondelles. Faites-les revenir à la poêle avec 2 cuillères à soupe d'huile d'olive. Mélangez les blancs de poulet avec les olives, les poireaux, le persil haché et le fromage. Ajoutez la purée puis relevez avec la noix de muscade, le sel et le poivre. Réservez.

3. Faites cuire les crêpes : versez une louche de pâte à crêpes dans une poêle beurrée et laissez cuire 2 minutes de chaque côté, la crêpe doit être légèrement dorée. Recommencez l'opération jusqu'à épuisement de la pâte.Beurrez la plaque allant au four. Préchauffez le four th. 6 (180 °C). Déposez 1 cuillère à soupe de farce au milieu de chaque crêpe. Ramenez les bords de façon à former une aumônière que vous ficellerez avec une tige de persil. Déposez les aumônières, au fur et à mesure, sur la plaque du four puis enfournez 15 minutes.

Dinde aux lentilles et aux épices

20 minutes
30 minutes
6 personnes

Un mets très campagnard...

6 escalopes de dinde

400 g de lentilles blondes

400 g de chair de tomates

50 g de raisins secs

2 oignons

1 c. à s. de ras el hanout (ou 1 c. à c. de curry et 1 c. à c. de curcuma)

2 c. à s. d'huile d'olive

Sel, poivre

1. Pelez et émincez les oignons. Coupez les escalopes de dinde en gros dés et faites-les revenir dans un fait-tout avec l'huile d'olive.
2. Retirez les escalopes puis faites suer les oignons sans qu'ils brunissent.
3. Ajoutez la chair de tomates et les lentilles.
4. Relevez avec le ras el hanout, le sel et le poivre. Mélangez bien.
5. Couvrez d'eau et faites cuire 20 minutes sur feu moyen et à couvert. Remuez régulièrement la préparation avec une cuillère en bois.
6. En fin de cuisson, ajoutez les morceaux de dinde et les raisins secs. Laissez frémir 10 minutes sur feu doux.
7. Servez sans attendre.

• Notes :

....

....

....

....

....

Poulet aux amandes

Le fameux poulet oriental.

25 minutes
45 minutes
1 heure
6 personnes

1. Pelez et hachez les gousses d'ail.

2. Versez le jus de citron dans un saladier, ajoutez 1 cuillère à soupe d'huile d'olive, l'ail et les épices. Mélangez bien, puis badigeonnez-en les cuisses de poulet. Laissez macérer 1 heure au frais.

3. Faites dorer les cuisses de poulet dans une cocotte avec l'huile d'olive. Pelez et hachez les oignons.

4. Ajoutez les oignons hachés et la marinade. Remuez bien puis incorporez 50 cl d'eau. Fermez la cocotte et laissez mijoter 30 minutes sur feu moyen.

5. Pendant ce temps, déposez les œufs dans une casserole d'eau froide et portez 10 minutes à ébullition. Laissez refroidir et écalez les œufs. Faites dorer légèrement les amandes au four.

6. En fin de cuisson, retirez les cuisses de poulet et réservez-les au chaud. Déposez les œufs durs dans la sauce afin qu'ils prennent une couleur jaune. Au moment de servir, parsemez le plat d'amandes grillées et de coriandre hachée.

6 cuisses de poulet

250 g d'amandes émondées

6 œufs

2 oignons

2 gousses d'ail

1 c. à s. de coriandre fraîche hachée

1 c. à s. de ras el hanout

2 c. à c. de safran

4 c. à s. d'huile d'olive

Le jus d'1 citron

Sel, poivre

• Notes :

Feuilleté de dinde

20 minutes
40 minutes
6 personnes

Idéal pour recevoir.

2 pâtes feuilletées
200 g de blancs de dinde
250 g de champignons
100 g d'emmental râpé
60 cl de crème fraîche
1 jaune d'œuf
1 oignon
½ c. à c. de ras el hanout
½ c. à c. de safran
2 c. à s. d'huile d'olive
Sel, poivre

• Notes :

1. Faites cuire les blancs de dinde à la poêle avec l'huile d'olive, sur feu doux, pour ne pas les faire dorer. Laissez refroidir puis coupez en petits dés.
2. Pelez et émincez l'oignon. Faites-le revenir dans une grande poêle avec les champignons.
3. Ajoutez les dés de dinde, les épices, la crème fraîche et le fromage râpé.
4. Salez, poivrez et laissez mijoter 5 minutes.
5. Préchauffez le four th. 6 (180 °C).
6. Étalez la pâte feuilletée dans un moule à tarte. Ajoutez la préparation dinde-champignons et couvrez avec la 2e pâte feuilletée. Pincez hermétiquement les bords avec les doigts.
7. Badigeonnez le feuilleté avec 1 jaune d'œuf battu. Faites cuire 30 minutes au four.
8. Retirez le feuilleté doré du four et servez sans attendre.

Croquettes de poulet

20 minutes
30 minutes
6 personnes

Des croquettes qui contenteront petits et grands.

1. Coupez les blancs de poulet en petits morceaux. Salez, poivrez puis faites-les revenir à la poêle avec l'huile d'olive.

2. Hachez le poulet au blinder.

3. Faites cuire les pommes de terre dans une casserole d'eau bouillante pendant 20 minutes. Égouttez-les puis réduisez-les en purée avec les œufs durs.

4. Ajoutez les portions de fromage et mélangez bien.

5. Formez des boulettes de la taille d'une noix. Roulez-les dans la farine puis dans l'œuf et enfin dans la chapelure. Réservez au frais au moins 1 heure. Plongez-les ensuite dans un bain de friture.

6. Retirez-les dorées, à l'aide d'une écumoire, et égouttez-les sur du papier absorbant.

7. Servez aussitôt.

2 blancs de poulet

2 œufs durs

2 pommes de terre

3 portions du fromage Kiri®

2 c. à s. d'huile d'olive

Sel, poivre

Pour la panure :

2 œufs

Farine

Chapelure

• Notes :

....

....

....

....

....

Boulettes de dinde cœur fondant au fromage

30 minutes
15 minutes
6 personnes

Elles surprendront vos convives.

300 g de dinde hachée

20 g de boulgour

3 œufs

80 g de gouda

1 échalote

1 mélange de 4 épices au choix

2 c. à s. de coriandre hachée

Chapelure

Sel et poivre

- Notes :

....

....

....

....

....

1. Préparez des petites boulettes de gouda de la taille d'une bille.

2. Portez une casserole d'eau salée à ébullition. Plongez-y le boulgour et faites-le cuire 10 minutes. Égouttez.

3. Pelez et hachez l'échalote. Dans un saladier, malaxez la viande hachée avec 1 œuf, l'échalote et la coriandre hachées, le boulgour, le sel et le poivre.

4. Recouvrez les boulettes de gouda de viande hachée.

5. Badigeonnez-les d'œufs puis roulez-les dans la chapelure.

6. Plongez-les ensuite dans un bain de friture. Égouttez-les sur du papier absorbant et servez aussitôt.

Brochettes de poulet marinées au miel

15 minutes
1 heure
5 minutes
6 personnes

Subtilement épicées, c'est tout l'Orient qui se révèle dans ces brochettes.

400 g de blancs de poulet

2 poivrons rouge et vert

Pour la marinade :

2 c. à s. de miel

Le jus d'1 citron

1 pincée de paprika

1 pincée de thym

Sel, poivre

1. Lavez et coupez les poivrons en 2, épépinez-les puis découpez-les en gros dés. Coupez le blanc de poulet en gros dés.
2. Préparez la marinade : versez le jus de citron dans un plat creux.
3. Ajoutez le miel, le paprika, le thym, le sel et le poivre.
4. Badigeonnez-en les dés de poulet. Couvrez et laissez mariner 1 heure au frais.
5. Embrochez successivement 1 morceau de poulet et 1 morceau de poivron.
6. Grillez les brochettes 3 minutes de chaque côté, en badigeonnant régulièrement avec la marinade.
7. Servez aussitôt.

• Notes :

Poulet au safran

25 minutes
45 minutes
4 personnes

Retrouvez l'ambiance chaleureuse et festive de là-bas !

4 cuisses de poulet

100 g d'amandes grillées

1 oignon râpé

2 gousses d'ail hachées

1 c. à s. de persil haché

4 œufs

Le jus de 2 citrons

1 c. à c. de ras el hanout

1 c. à c. de safran

3 verres d'eau

4 c. à s. d'huile d'olive

Sel, poivre

• Notes :

1. Placez les œufs dans une casserole d'eau froide et portez à ébullition pendant 10 minutes.
2. Passez les œufs sous l'eau courante puis écalez-les.
3. Faites dorer les cuisses de poulet dans une cocotte avec de l'huile en les retournant sur toutes les faces.
4. Ajoutez le jus de citron, les épices, l'ail et l'oignon. Salez, poivrez et mélangez bien.
5. Laissez cuire encore 5 minutes puis ajoutez les 3 verres d'eau. Couvrez et laissez mijoter 30 minutes jusqu'à ce que la sauce réduise de moitié.
6. Retirez du feu et posez les œufs dans la sauce afin qu'ils s'imprègnent de la couleur jaune. Parsemez d'amandes grillées et servez sans attendre.

Mijoté de poulet aux haricots verts

Un plat équilibré
et savoureux.

25 minutes
45 minutes
4 personnes

1. Équeutez les haricots et faites-les cuire à l'eau pendant 15 minutes. Égouttez.
2. Pelez et hachez les gousses d'ail et l'oignon. Retirez le pédoncule du poivron et détaillez-le en petits dés.
3. Coupez les blancs de poulet en petits morceaux.
4. Faites dorer les morceaux de poulet dans une cocotte avec de l'huile d'olive en les retournant sur toutes les faces. Ajoutez le poivron, les épices, l'ail (les ¾) et l'oignon. Salez, poivrez et mélangez bien.
5. Laissez cuire encore 5 minutes puis ajoutez 1 verre d'eau. Couvrez et laissez mijoter 20 minutes jusqu'à ce que la sauce réduise de moitié.
6. Faites fondre le beurre dans une poêle et ajoutez-y les haricots et l'ail. Relevez avec les épices et le sel.
7. Faites revenir et servez sans attendre avec le poulet.

1 blanc de poulet

200 g de haricots fins

1 oignon

3 gousses d'ail

4 c. à s. de coriandre hachée

1 petit poivron rouge

1 mélange de 4 épices au choix

3 c. à s. d'huile d'olive

1 noisette de beurre

Sel, poivre

• Notes :

....

....

....

....

....

Poulet aux olives et champignons

25 minutes
45 minutes
2 heures
6 personnes

Voilà qui plaira à tout le monde.

- 6 cuisses de poulet
- 2 oignons
- 2 gousses d'ail
- 100 g d'olives vertes dénoyautées
- 250 g de champignons de Paris (en conserve)
- 1 c. à s. de ras el hanout
- 1 c. à c. de safran
- 2 c. à s. de coriandre fraîche hachée
- 4 c. à s. d'huile d'olive
- Le jus d'1 citron
- Sel, poivre

• Notes :

1. Pelez et hachez les gousses d'ail et les oignons.
2. Versez le jus de citron dans un saladier, ajoutez 2 cuillères à soupe d'huile d'olive, le ras el hanout, le safran, les gousses d'ail et les oignons hachés.
3. Salez, poivrez. Mélangez bien, puis badigeonnez-en les cuisses de poulet. Laissez macérer 2 heures au frais.
4. Faites dorer les cuisses de poulet dans une cocotte avec l'huile d'olive. Ajoutez sa marinade. Remuez bien puis incorporez 50 cl d'eau. Fermez la cocotte et laissez mijoter 20 minutes sur feu moyen.
5. Pendant ce temps, faites blanchir les olives dans une casserole d'eau jusqu'à frémissement, renouvelez cette opération 2 fois. Égouttez les champignons.
6. Retirez la cocotte du feu puis ajoutez les olives et les champignons. Goûtez et rectifiez l'assaisonnement si nécessaire. Couvrez et continuez la cuisson 15 minutes sur feu doux. Au moment de servir, parsemez le plat de coriandre hachée. Servez sans attendre.

Poêlée de dinde aux épices

Relevée sans excès !

15 minutes
30 minutes
10 minutes
6 personnes

1. Mélangez, dans un petit saladier, l'huile de sésame avec le cumin, le gingembre, la muscade, le poivre et le sel.

2. Versez cette préparation sur les escalopes de dinde et laissez mariner au frais pendant 30 minutes.

3. Chauffez l'huile dans une grande poêle et faites dorer les escalopes de chaque côté.

4. Disposez les filets de dinde sur un plat chaud. Saupoudrez généreusement les escalopes de graines de sésame.

5. Servez chaud, avec une crudité.

6 escalopes de dinde

6 c. à s. d'huile de sésame (à défaut huile de tournesol)

4 c. à s. de graines de sésame

½ c. à c. de cumin

½ c. à c. de gingembre

½ c. à c. de muscade

3 pincées de poivre noir

Sel

• Notes :

Poulet sauté aux champignons

20 minutes
60 minutes
4 personnes

Un mélange de saveurs et d'onctuosité.

4 cuisses de poulet

400 g de champignons de Paris

240 g de tomates concassées

1 c. à s. de double concentré de tomates

1 poivron

1 oignon

5 cl d'huile d'olive

1 gousse d'ail

Sel, poivre

• Notes :

1. Égouttez les champignons.
   Pelez et émincez l'oignon et l'ail.

2. Lavez le poivron, enlevez le pédoncule, coupez-le en 2 pour retirer les pépins puis détaillez-le en fines lanières.

3. Préparez la sauce tomate : chauffez l'huile dans une grande poêle et faites-y revenir les champignons, les poivrons et les oignons pendant 8 minutes en remuant régulièrement.

4. Incorporez les tomates concassées et concentrées. Salez, poivrez, remuez et laissez mijoter 15 minutes.
   Retirez du feu et laissez tiédir.

5. Préchauffez le four th. 7 (210 °C).

6. Coupez les cuisses de poulet en 2 et déposez-les dans un plat allant au four. Versez la sauce sur les cuisses et badigeonnez-les généreusement de sauce tomate.

7. Faites cuire au four pendant 40 minutes.
   Servez le poulet sans attendre, arrosé de sauce tomate aux champignons.

Timbale de poulet aux épinards

25 minutes
1 h 20
4 personnes

2 escalopes de poulet
300 g d'épinards surgelés
1 gros oignon
1 gousse d'ail
1 œuf
1 cube de bouillon de volaille
1 c. à s. de crème fraîche
2 c. à s. d'huile d'olive
Chapelure
Sel et poivre

Pour la purée :
600 g de pommes de terre
20 cl de lait
30 g de beurre
Sel, poivre

• Notes :

1. Grattez et lavez les pommes de terre. Faites-les cuire 30 minutes dans une eau bouillante salée pendant. Avant d'éteindre le feu, piquez-les avec la lame du couteau, pour vérifier la cuisson. Coupez la chair de poulet en dés puis faites-les cuire 15 minutes dans une casserole contenant 50 cl d'eau et un cube de bouillon. Retirez la viande du feu. Laissez refroidir et effilochez-la.

2. Pelez l'oignon et l'ail. Émincez l'oignon et écrasez l'ail. Faites-les revenir 5 minutes dans une poêle avec l'huile d'olive puis incorporez les épinards. Continuez la cuisson pendant 15 minutes. S'il reste du liquide, égouttez à nouveau. Versez dans un petit saladier puis incorporez la crème fraîche et l'œuf. Mélangez puis ajoutez enfin le poulet. Relevez avec le sel et le poivre.

3. Égouttez les pommes de terre cuites, pelez et passez-les à la moulinette pour obtenir une purée. Incorporez le beurre, le lait, le sel et le poivre. Préchauffez le four th. 7 (210 °C).

4. Beurrez le plat allant au four. Déposez le poulet aux épinards au fond du plat. Puis recouvrez de purée. Saupoudrez de chapelure. Déposez quelques noisettes de beurre sur le dessus et faites gratiner 15 minutes au four.

Escalope de dinde au curry

15 minutes
15 minutes
4 personnes

Un plat simple et goûteux
à faire au barbecue.

4 escalopes de dinde

3 échalotes

1 c. à s. de curry

30 cl de crème liquide

2 c. à s. d'huile d'olive

Sel, poivre

1. Préparez le barbecue.
2. Pelez et hachez les échalotes. Faites fondre les échalotes dans une poêle avec l'huile d'olive pendant 5 minutes en remuant régulièrement. Retirez du feu puis incorporez la crème, le curry, le sel et le poivre.
3. Réservez au chaud.
4. Badigeonnez les escalopes de beurre ramolli. Salez et poivrez.
5. Faites cuire au barbecue, sur des braises chaudes, pendant 10 minutes, en les retournant à mi-cuisson.
6. Nappez les escalopes de dinde de sauce au curry en servant sans attendre à la mode indienne, avec un chutney d'oignon ou de piment.

• Notes :

....
....
....
....
....

Panzerotti à la viande hachée

Prenez une pause
casse-croûte !

30 minutes
1 heure
15 minutes
4 personnes

Pour la pâte :
250 g de farine
20 cl d'eau
25 g de levure fraîche
1 c. à c. de sel
3 c. à s. d'huile d'olive

Pour la sauce tomate :
50 g de fromage râpé
300 g de bœuf haché
400 g de chair de tomates
1 petite échalote
1 gousse d'ail
3 c. à s. d'huile d'olive
1 c. à s. de basilic
Sel, poivre
Huile pour friture

1. Préparez la pâte : délayez la levure dans 20 cl d'eau tiède.

2. Versez dans le bol du robot pétrisseur la farine, le sel, l'huile d'olive et le mélange eau + levure. Pétrissez 10 minutes, jusqu'à obtenir une pâte lisse qui se décolle facilement de la paroi. Transvasez la pâte dans un grand saladier. Couvrez et laissez reposer pendant 1 heure. La pâte doit doubler de volume.

3. Pendant ce temps, préparez la sauce tomate : pelez et hachez l'échalote et la gousse d'ail. Faites revenir à la poêle avec l'huile d'olive et la viande hachée. Ajoutez la chair de tomates et le basilic. Salez et poivrez. Faites cuire 15 minutes en remuant de temps en temps. Réservez.

4. Étalez la pâte sur 5 mm d'épaisseur sur le plan de travail fariné. Découpez des ronds à l'aide d'un emporte-pièce de 10 cm de diamètre. Déposez 1 cuillère à soupe de sauce sur chaque rond. Parsemez de fromage râpé et formez un chausson. Soudez bien les bords. Plongez les panzerotti dans un bain de friture.

5. Retirez-les dorés, à l'aide d'une écumoire et égouttez-les sur du papier absorbant. Servez aussitôt.

• Notes :

Aubergines farcies

45 minutes
40 minutes
6 personnes

C

400 g de bœuf haché

4 aubergines

40 g de biscottes émiettées

20 cl de sauce tomate

2 œufs

1 c. à s. de persil plat haché

4 c. à s. d'huile d'olive

Sel, poivre

6 cure-dents

• Notes :

....

....

....

....

....

1. Ôtez les extrémités et coupez-les en fines lamelles dans le sens de la longueur.

2. Faites chauffer l'huile dans une grande poêle. Mettez-y les aubergines à revenir, à feu assez vif, 5 minutes de chaque côté. Salez et poivrez et réservez.

3. Préparez la farce : mélangez dans un saladier la viande hachée, les biscottes émiettées, les œufs, le persil haché, le sel et le poivre, jusqu'à obtenir un mélange homogène. Formez des boulettes de farce de la grosseur d'une prune.

4. Préchauffez le four à th. 7 (200 °C).

5. Croisez 2 lamelles d'aubergine sur le plan de travail. Déposez, au centre, une boulette de viande. Rabattez les lamelles d'aubergine sur le dessus et maintenez le tout à l'aide d'un cure-dent.

6. Déposez les aubergines farcies, au fur et à mesure, dans un plat à gratin. Arrosez de sauce tomate et faites cuire 30 minutes au four. Servez aussitôt.

Tendrons de veau aux épices

25 minutes
50 minutes
6 personnes

1. Pelez et émincez la gousse d'ail et l'échalote. Diluez un cube de volaille dans 35 cl d'eau tiède.

2. Chauffez l'huile dans une cocotte et faites dorer les tendrons des 2 côtés.

3. Saupoudrez généreusement de muscade et de cannelle, puis ajoutez l'ail, les échalotes et le laurier.

4. Salez et poivrez. Laissez revenir 5 minutes en remuant et incorporez le bouillon de volaille.

5. Couvrez et laissez cuire 45 minutes à feu doux. Vérifiez régulièrement la cuisson. Rectifiez, si nécessaire, l'assaisonnement.

6. Préparez des haricots verts poêlés à l'ail et servez les tendrons avec des haricots, le tout nappé de sauce épicée.

600 g de tendrons de veau

1 échalote

1 gousse d'ail

1 cube de bouillon de volaille

1 c. à c. de cannelle

½ c. à c. de noix de muscade

2 pincées de poivre noir

1 feuille de laurier

2 c. à s. d'huile

Sel

• Notes :

....

....

....

....

....

Pilaf de veau

20 minutes
30 minutes
4 personnes

Un riz copieux et délicieux.

400 g de veau
300 g de riz
1 oignon
1 cube de bouillon de volaille
50 g de raisins secs
40 g de pignons de pin
2 c. à s. d'huile d'olive
1 c. à s. de ras el hanout
Quelques amandes émondées et grillées
Sel, poivre

1. Délayez le cube de volaille dans 60 cl d'eau.
2. Coupez la viande en tout petits morceaux. Pelez et émincez l'oignon.
3. Faites revenir les morceaux de viande et l'oignon dans un fait-tout, avec l'huile d'olive. Remuez 5 minutes à feu vif.
4. Incorporez la chair de tomates, les épices et le bouillon de volaille. Goûtez et salez si nécessaire.
5. Mélangez bien puis ajoutez le riz, les raisins secs et les pignons de pin.
6. Faites cuire à petits frémissements jusqu'à ce que le riz soit très tendre et ait absorbé la totalité du liquide.
7. Parsemez d'amandes grillées et servez aussitôt.

• Notes :

....
....
....
....
....

Bœuf à l'orientale

20 minutes
50 minutes
6 personnes

Une véritable envolée de saveurs…

- 800 g de filet de bœuf
- 200 g d'olives vertes
- 400 g de chair de tomates
- 1 poivron vert
- 1 poivron rouge
- 2 oignons
- 2 gousses d'ail
- ½ piment
- 1 c. à s. de concentré de tomates
- 4 c. à s. d'huile d'olive
- 1 c. à c. de paprika
- 1 c. à c. de cumin
- Sel, poivre

1. Faites bouillir une petite casserole d'eau. À ébullition, jetez-y les olives et laissez blanchir 5 minutes. Passez les olives sous l'eau froide et coupez-les en rondelles.
2. Épluchez et émincez les oignons. Retirez les pépins des poivrons, rincez-les puis détaillez-les en fines lamelles. Lavez et coupez les tomates en petits morceaux. Pelez les gousses d'ail et hachez-les avec le piment.
3. Coupez le filet de bœuf en fines lamelles.
4. Versez l'huile d'olive dans une cocotte et jetez-y la viande, les oignons et les poivrons. Faites rissoler 10 minutes.
5. Ajoutez la chair et le concentré de tomates, l'ail, le piment et les olives. Relevez avec le paprika et le cumin. Salez, poivrez, puis mouillez d'un verre d'eau. Mélangez bien.
6. Couvrez et laissez mijoter 35 minutes, sur feu doux, en remuant de temps en temps.
7. Disposez dans un plat creux et servez sans attendre.

• Notes :

Kefta aux œufs

30 minutes
30 minutes
6 personnes

- 500 g de bœuf haché
- 400 g de chair de tomates
- 4 œufs
- 2 oignons
- 1 c. à s. de persil plat frais haché
- 1 c. à s. de coriandre fraîche
- 1 c. à c. de ras el hanout
- 4 c. à s. d'huile d'olive
- 1 cube de bouillon de bœuf
- 40 cl d'eau
- Sel, poivre

• Notes :

....

....

....

....

....

1. Pelez et hachez 1 oignon. Dans un saladier, malaxez la viande hachée avec l'oignon haché, le persil, le ras el hanout, le sel et le poivre.

2. Pelez et émincez le 2e oignon. Faites-le revenir dans un fait-tout avec l'huile d'olive.

3. Ajoutez la chair de tomates, le cube de bouillon de bœuf et l'eau. Couvrez et laissez mijoter 10 minutes à feu doux.

4. Formez des boulettes de viande hachée de la taille d'une noix et déposez-les au fur et à mesure dans la sauce tomate. Couvrez et laissez cuire 15 minutes.

5. En fin de cuisson, cassez les œufs sur la kefta et laissez cuire 3 minutes (le blanc doit être juste cuit et le jaune doit rester liquide).

6. Saupoudrez de coriandre hachée et servez sans attendre.

Variante : réalisez la même recette sans sauce tomate : un vrai régal !

Côtelettes à la crème d'ail

15 minutes
6 minutes
4 personnes

8 côtelettes

10 gousses d'ail

2 jaunes d'œufs

20 cl de crème fraîche

Sel, poivre

1. Préparez la crème à l'ail : épluchez les gousses d'ail puis coupez-les en 2 pour enlever le germe qui se trouve au centre de chacune d'elles.

2. Faites-les blanchir 5 minutes dans une casserole d'eau bouillante.

3. Égouttez puis passez l'ail au mixeur avec les jaunes d'œufs et la crème fraîche. Salez, poivrez.

4. Faites épaissir la sauce sur feu doux, au bain-marie, en remuant sans cesse. La sauce ne doit pas bouillir.

5. Faites cuire les côtelettes 3 minutes de chaque côté, à la poêle, avec une noisette de beurre ou sur le gril.

6. Servez aussitôt accompagné de haricots poêlés ou de frites.

• Notes :

....

....

....

....

....

Œil de bœuf

35 minutes
45 minutes
6 personnes

500 g de bœuf
6 œufs
1 gousse d'ail
10 cl d'huile d'olive
1 c. à c. d'épices au choix
1 c. à s. de persil plat haché
Sel, poivre

Pour la sauce :
2 poivrons
400 g de chair de tomates
2 c. à s. d'huile d'olive
1 feuille de thym
50 g d'olives
Sel, poivre

• Notes :

....

....

....

....

....

Créez la surprise !

1. Mettez les œufs dans une grande casserole d'eau froide salée. Portez à ébullition et laissez cuire 10 minutes. Égouttez les œufs durs, passez-les sous l'eau froide, écalez-les puis laissez-les refroidir.

2. Pelez et hachez l'ail. Amalgamez la viande hachée avec l'huile d'olive, l'ail et le persil hachés. Relevez avec les épices, le sel et le poivre puis divisez en 6 boules. Déposez chaque boule de viande hachée sur une feuille de papier sulfurisé. Étalez chaque boule, avec les doigts, sur une épaisseur de 3 mm.

3. Déposez 1 œuf dur entier sur un rond de viande hachée puis recouvrez complètement l'œuf. Déposez, au fur et à mesure, dans un plat allant au four. Enfournez th. 7 (210 °C) pendant 25 minutes.

4. Pendant ce temps, préparez la sauce au poivron : lavez, épépinez et coupez les poivrons rouges en lanières. Faites revenir dans une poêle avec l'huile d'olive. Ajoutez la chair de tomates, le thym et les olives. Salez et poivrez. Couvrez et laissez mijoter, jusqu'à ce que la sauce réduise.

5. Déposez l'œil de bœuf sur un lit de sauce au poivron et servez sans attendre.

Roulé de veau aux épinards

45 minutes
1 h 50
6 personnes

Tout en rondeur et saveurs orientales.

1 kg de veau désossé

100 g de riz

200 g d'épinards

2 échalotes

2 jaunes d'œufs

2 c. à s. d'huile d'olive

10 g de beurre

Sel, poivre

1. Préparez la farce : portez une casserole d'eau salée à ébullition, puis jetez-y le riz. Faites-le cuire 15 minutes. Égouttez. Épluchez et hachez les échalotes. Équeutez les épinards puis lavez-les plusieurs fois à grande eau. Épongez-les, puis coupez les feuilles en petits morceaux.

2. Chauffez l'huile d'olive dans une grande poêle et faites-y revenir les échalotes hachées sur feu doux pendant 5 minutes. Ajoutez les épinards. Laissez fondre 5 minutes et égouttez dans une passoire. Versez le riz dans un saladier, ajoutez les épinards et les échalotes. Mélangez puis incorporez les jaunes d'œufs. Salez, poivrez puis amalgamez le tout jusqu'à obtenir une farce homogène.

3. Préchauffez le four th. 8 (240 °C). Ouvrez la poitrine de veau. Salez et poivrez toute la surface. Étalez la farce sur toute la poitrine, en laissant une bande libre tout autour de 2 cm de largeur. Roulez et ficelez-la pour former le rôti. Versez un verre d'eau dans le fond d'un plat allant au four. Placez le rôti dans le plat puis badigeonnez-le de beurre. Faites cuire 1 h 30 en arrosant de temps en temps avec le jus. 30 minutes avant la fin de la cuisson, baissez le thermostat à 6 (180 °C). Déposez le rôti encore chaud dans un plat de service, accompagnez-le de petits légumes poêlés. Déglacez le plat avec un peu d'eau et servez le jus de cuisson à part.

• Notes :

....

....

....

....

....

Aumônières de rognons

15 minutes
18 minutes
4 personnes

Une surprise forte en goût.

8 feuilles de brick

500 g de rognons (de veau ou de bœuf)

200 g de gouda

40 g de beurre + 20 g pour les bricks

1 petit oignon

4 brins de persil

1 c. à s. de persil haché

Sel, poivre

• Notes :

1. Coupez des copeaux de gouda à l'aide d'un couteau économe.
2. Dégraissez les rognons. Coupez-les en très fines tranches. Salez et poivrez-les.
3. Pelez et détaillez l'oignon en tout petits dés. Faites chauffer le beurre dans une poêle et jetez-y les rognons et l'oignon.
4. Faites-les revenir pendant 8 minutes. (Les rognons ne seront que précuits).
5. Préchauffez le four th. 8 (240 °C).
6. Pour chaque aumônière, superposez 2 feuilles de brick. Posez, au centre, 4 tranches de rognons, parsemez de quelques dés d'oignons et de copeaux de gouda puis saupoudrez de persil haché.
7. Formez 4 aumônières et liez-les avec les brins de persil. Badigeonnez de beurre fondu au pinceau et enfournez 10 minutes.
8. Servez les aumônières dorées, sans attendre, accompagnées de légumes frits.

Boulettes de viande à la menthe

15 minutes
10 minutes
4 personnes

Des boulettes bien parfumées
comme il se doit.

1. Pelez et hachez les oignons.

2. Mélangez dans un saladier la viande et les oignons hachés, les herbes (menthe et persil) et la chapelure. Incorporez les œufs, le sel et le poivre.

3. Amalgamez avec vos mains jusqu'à obtenir un mélange homogène.

4. Farinez le bout des doigts et formez des boulettes de viande.

5. Dans une grande poêle, faites chauffer l'huile.

6. Faites cuire les boulettes sur toutes les faces pendant 10 minutes, en les retournant régulièrement, jusqu'à ce qu'elles soient bien dorées.

7. Égouttez sur du papier absorbant. Servez très chaud avec une salade verte et une sauce au yaourt et aux herbes.

600 g de viande hachée

2 oignons

2 œufs

4 c. à s. de menthe hachée

1 c. à s. de persil haché

4 c. à s. de chapelure

5 c. à s. d'huile

Farine

Sel, poivre

• Notes :

....

....

....

....

....

Kebab d'agneau au cumin

20 minutes
10 minutes
4 personnes

500 g d'agneau haché

2 oignons

1 œuf

2 c. à s. de coriandre fraîche

2 c. à s. de chapelure

1 c. à c. de cumin

1 pincée de paprika

Sel, poivre

1. Pelez et hachez les oignons. Mélangez, dans un saladier, la viande hachée avec l'œuf, la chapelure, la coriandre et les oignons hachés. Relevez avec le cumin, le paprika, le sel et le poivre. Amalgamez le tout.

2. Formez de petites boules de la taille d'une noix. Embrochez-les au fur et à mesure puis faites-les griller à la poêle ou au barbecue. Servez les brochettes sur un lit de salade.

Côtelettes grillées à la menthe

10 minutes
1 heure
8 minutes
4 personnes

8 côtelettes (viande au choix)

2 c. à s. de menthe fraîche hachée

1 c. à s. de sucre

6 c. à s d'huile d'olive

3 c. à s. de vinaigre de Xérès

Sel, poivre

1. Mélangez dans un grand plat creux la menthe, le sucre et le vinaigre de Xérès. Incorporez l'huile d'olive, mélangez et placez-y les côtelettes. Laissez mariner pendant 1 heure.

2. Faites chauffer la plancha à feu vif. Saisissez les côtelettes 4 minutes de chaque côté. Salez et poivrez en fin de cuisson.

3. Accompagnez d'une salade composée ou de pommes de terre braisées au beurre.

Les poissons

Poisson à l'indienne

20 minutes
30 minutes
35 minutes
4 personnes

Des épices, encore des épices…

4 filets de poisson blanc
2 gousses d'ail hachées
1 c. à c. de gingembre en poudre
1 c. à s. de ras el hanout
1 c. à s. d'huile
2 c. à s. de coriandre fraîche hachée

Pour la marinade :
2 c. à c. de moutarde de Dijon
1 c. à c. de poivre noir du moulin
½ c. à c. de sel
2 c. à s. d'huile

1. Préparez la marinade : mélangez, dans un plat creux, la moutarde, le poivre, le sel et l'huile de colza.
2. Badigeonnez les filets de poisson de marinade, puis laissez-les mariner au réfrigérateur pendant 30 minutes.
3. Préchauffez le four th. 7 (210 °C).
4. Placez les filets de poisson marinés dans un plat allant au four.
5. Saupoudrez-les d'épices.
6. Faites cuire 25 minutes au four. Parsemez de coriandre fraîche avant de servir.

• Notes :

....

....

....

....

....

Baluchons de fruits de mer

20 minutes
25 minutes
4 personnes

1. Recouvrez la plaque allant au four de papier sulfurisé. Décongelez les fruits de mer puis faites-les revenir dans une poêle antiadhésive avec l'huile d'olive pendant 10 minutes, le temps qu'ils dorent légèrement. Relevez avec le poivre.
2. Mélangez dans un saladier la crème fraîche, le jus de citron, le curry et le persil. Ajoutez les fruits de mer. Mélangez puis rectifiez l'assaisonnement si nécessaire (les fruits de mer étant déjà salés, inutile de rajouter du sel).
3. Préchauffez le four th. 7 (210 °C). Étalez la pâte sur un plan de travail fariné. Découpez-la en 4 carrés. Déposez le mélange de fruits de mer au curry au centre de chaque carré.
4. Relevez les pointes et rabattez-les vers le centre en les faisant se chevaucher pour former des baluchons. Appuyez légèrement à l'endroit où elles se rejoignent afin de les souder et posez-les sur la plaque allant au four.
5. Délayez le jaune d'œuf avec 1 cuillère à soupe d'eau. Badigeonnez-en les baluchons à l'aide d'un pinceau. Enfournez et laissez cuire 15 minutes, en surveillant régulièrement. Servez sans attendre.

240 g de pâte feuilletée

300 g de cocktail de fruits de mer surgelé

20 cl de crème fraîche

1 c. à s. de jus de citron

1 c. à c. de persil plat haché

2 c. à s. d'huile d'olive

1 c. à c. de curry

1 jaune d'œuf

Poivre

• Notes :

....

....

....

....

....

15 minutes
30 minutes
6 minutes
4 personnes

Brochettes de lotte

4 filets de lotte
1 tomate cerise
1 poivron jaune
1 petite courgette
1 gousse d'ail
8 c. à s. d'huile d'olive
1 branche de sarriette
2 feuilles de laurier
Le jus d'un citron
Sel, poivre

• Notes :

1. Lavez la courgette, enlevez les extrémités, puis coupez-la en gros dés.
2. Lavez et coupez le poivron en 2, épépinez-le puis découpez-le en gros dés. Coupez la lotte en gros dés.
3. Préparez la marinade : pelez et écrasez la gousse d'ail dans un plat creux. Ajoutez le jus de citron, l'huile d'olive, la sarriette et le laurier émiettés.
4. Badigeonnez-en les dés de lotte. Couvrez et laissez mariner 30 minutes au frais. Préparez le barbecue.
5. Embrochez successivement 1 dé de lotte, 1 dé de courgette, 1 tomate cerise et 1 dé de poivron.
6. Grillez les brochettes 3 minutes de chaque côté, en badigeonnant régulièrement avec la marinade.
7. Servez aussitôt.

Crevettes en sauce

10 minutes
20 minutes
4 personnes

1. Pelez et hachez les gousses d'ail et l'oignon.

2. Chauffez l'huile d'olive dans une poêle. Faites-y revenir l'oignon haché pendant 5 minutes.

3. Ajoutez les crevettes et l'ail haché.

4. Faites cuire encore 5 minutes. Incorporez la chair de tomates. Relevez avec le sel, le poivre et le safran.

5. Mélangez bien. Saupoudrez de persil et laissez mijoter 15 minutes en remuant de temps en temps.

6. Au moment de servir, arrosez le plat d'un jus de citron.

200 g de crevettes roses décortiquées (moyennes)

2 gousses d'ail

1 oignon

400 g de chair de tomates

1 citron

4 c. à s. d'huile d'olive

2 c. à s. de persil haché

1 c. à c. de safran

Sel, poivre

• Notes :

Boulettes de poisson

30 minutes
20 minutes
6 personnes

Elles disparaîtront comme par enchantement !

1 kg de poisson blanc sans arêtes
1 œuf
1 petite botte de persil
4 biscottes
1 oignon
1 c. à s. de ras el hanout
1 c. à s. de safran
6 c. à s. d'huile d'olive
Sel, poivre

Pour la cuisson des boulettes :
50 cl d'eau
1 gousse d'ail
1 c. à c. de safran
1 cube de bouillon de poisson

• Notes :

1. Pelez l'oignon. Émiettez les biscottes.
2. Hachez au robot la chair du poisson avec le persil et l'oignon.
3. Versez la préparation dans un saladier, ajoutez 3 cuillères à soupe d'huile d'olive, l'œuf, les biscottes émiettées et les épices. Salez, poivrez et malaxez le tout avec la main. Formez des boulettes de 4 cm de diamètre.
4. Pelez et hachez l'ail. Versez 3 cuillères à soupe d'huile d'olive dans un fait-tout. Faites revenir l'ail haché puis ajoutez l'eau.
5. Émiettez-y le cube de bouillon et ajoutez la poudre de safran. Mélangez bien puis portez à ébullition.
6. Jetez les boulettes, une à une, dans le fait-tout. Couvrez et laissez mijoter pendant 20 minutes sur feu doux.
7. Retirez délicatement les boulettes et déposez-les dans un plat creux de service.
8. Ajoutez le fond de sauce et servez, sans attendre, avec du riz.

Merlan mariné aux épices

30 minutes
10 minutes
4 personnes

Relevé, juste comme il faut !

4 filets de merlan
50 g de farine
20 g de beurre
4 c. à s. d'huile d'arachide
1 citron

Pour la marinade :
2 gousses d'ail
1 c. à s. de coriandre
1 c. à s. de persil plat
½ c. à c. de cumin
½ c. à c. de paprika
6 c. à s. d'huile d'olive
Sel

1. Préparez la sauce marinade : lavez et essuyez le persil et la coriandre.
2. Pelez l'ail. Hachez le persil, la coriandre et l'ail dans un mixeur.
3. Versez le mélange dans un plat creux. Ajoutez le cumin et le paprika, l'huile d'olive et le sel. Mélangez bien.
4. Badigeonnez généreusement les filets de merlan de cette sauce. Laissez mariner 30 minutes au frais.
5. Roulez les filets dans la farine. Secouez-les pour éliminer l'excès de farine.
6. Chauffez le beurre et l'huile d'arachide dans une grande poêle. Faites dorer les filets de merlan sur les 2 faces. Comptez 5 minutes par face.
7. Servez sans attendre, avec quelques quartiers de citron.

• Notes :

....

....

....

....

....

Cabillaud à la chermola

15 minutes
8 minutes
4 personnes

4 darnes de cabillaud
2 c. à s. de farine
2 c. à s. de chapelure
2 c. à s. de poudre d'amandes
1 œuf
Sel

Pour la chermola :
1 piment rouge
2 gousses d'ail
Le jus d'1 citron
2 c. à s. de coriandre
1 c. à s. de persil
1 c. à s. de cumin en poudre
1 c. à s. de paprika en poudre
1 c. à c. de poivre noir en poudre
Sel

• Notes :

....

....

....

....

....

1. Préparez la chermola : pelez l'ail, ôtez le pédoncule et les graines du piment rouge et coupez-le en morceaux. Versez le jus de citron dans un mixeur. Ajoutez le piment rouge, les gousses d'ail, les herbes et les épices. Salez et mixez longuement le tout. Réservez la pâte obtenue.

2. Prenez 3 assiettes creuses : dans la 1re, mettez la farine, dans la 2e, cassez l'œuf, salez et battez-le en omelette. Dans la 3e, mélangez la chapelure avec la poudre d'amandes.

3. Roulez les filets de cabillaud dans la farine. Secouez pour éliminer l'excès de farine, puis passez-les dans l'œuf battu, avant de les enrober dans la chapelure d'amandes. Déposez 1 cuillère à café de chermola sur chaque face. Faites chauffer le beurre et l'huile dans une grande poêle et mettez-y à dorer les filets de cabillaud sur feu moyen. Retournez-les au bout de 4 minutes et laissez-les cuire le même temps de l'autre côté. Servez sans attendre, avec quelques brins de coriandre, et des quartiers de citron.

Variante : pour une chermola moins piquante, remplacez le piment rouge par un petit poivron rouge !

Petites galettes de saumon

15 minutes
30 minutes
6 personnes

500 g de saumon

4 pommes de terre

1 petite botte de coriandre hachée

1 c. à s. de farine

2 œufs

1 c. à s. d'huile d'olive

Sel et poivre

1. Faites cuire les pommes de terre à l'eau pendant 20 minutes.

2. Épluchez les pommes de terre et réduisez en purée. Poêlez les morceaux de saumon avec l'huile d'olive puis réduisez en purée.

3. Mélangez, dans un saladier, la purée de pommes de terre et de poisson.

4. Ajoutez les œufs, la farine et la coriandre. Salez, poivrez et formez des boulettes de 4 cm de diamètre.

5. Aplatissez-les de façon à obtenir de petites galettes. Faites-les cuire, au fur et à mesure, dans un bain d'huile chaud.

6. Égouttez sur du papier absorbant. Servez sans attendre.

• Notes :

....

....

....

....

....

Boulettes de surimi

20 minutes
6 personnes

Ces boulettes sont délicieuses et rapides à réaliser.

10 bâtonnets de surimi émiettés

1 œuf dur

4 portions de fromage la Vache qui rit®

1 c. à s. de jus de citron

1 pincée de cumin

Sel

1. Émiettez le surimi. Écrasez le fromage et l'œuf dur à la fourchette.
2. Versez le jus de citron dans le bol du blender.
3. Ajoutez la coriandre hachée, le surimi émietté, la purée de fromage et d'œuf dur.
4. Relevez avec le sel et le cumin puis mixez jusqu'à obtenir une pâte compacte.
5. Formez des boulettes et réservez au frais jusqu'au moment de servir.

• Notes :

Lotte aux petits oignons et raisins secs

15 minutes
30 minutes
6 personnes

Une lotte riche
en saveurs ensoleillées.

1. Faites tremper les raisins secs dans un bol d'eau tiède.

2. Pelez et émincez les oignons. Faites chauffer l'huile dans une cocotte puis ajoutez les oignons.

3. Déposez les filets de poisson sur les oignons. Relevez avec les épices et le sel.

4. Mouillez de 30 cl d'eau. Couvrez et laissez cuire à feu doux pendant 30 minutes.

5. Pendant ce temps faites fondre le beurre dans une petite casserole, ajoutez le miel et les raisins secs.

6. Portez quelques minutes sur feu doux en remuant. Au moment de servir, parsemez le plat de raisins secs au miel.

1 kg de filet de lotte (ou poisson au choix)

3 oignons

½ c. à c. de gingembre en poudre

½ c. à c. de cannelle en poudre

1 pincée de safran

1 c. à s. d'huile d'olive

4 c. à s. de miel

50 g de raisins secs

30 g de beurre

Sel, poivre

• Notes :

....

....

....

....

....

Kefta de poisson

20 minutes
30 minutes
6 personnes

800 g de poisson blanc sans arêtes
40 cl de sauce tomate
150 g de pain
50 ml de lait
1 oignon
2 gousses d'ail
2 c. à s. de persil
1 c. à c. de paprika
1 c. à c. de coriandre
2 œufs
1 c. à c. de harissa
Sel, poivre
Huile d'olive pour la friture

1. Pelez et hachez les gousses d'ail et les oignons.
2. Mouillez le pain rassis avec le lait. Réservez.
3. Malaxez avec la main, le poisson, le pain, les œufs, l'ail, l'oignon et le persil.
4. Relevez avec le sel, le poivre, le paprika, la coriandre et la harissa. Formez de petites boulettes avec les mains.
5. Faites-les frire dans un bain d'huile chaud jusqu'à ce qu'elles dorent.
6. Versez la sauce tomate dans une petite cocotte. Plongez-y les boulettes de poisson et laissez mijoter 20 minutes.
7. Servez sans attendre.

• Notes :

....

....

....

....

....

Truffes au thon

20 minutes
6 personnes

1 boîte de thon

150 g de fromage frais

150 g de chips de crevettes

1 pincée de paprika

Sel, poivre

1. Égouttez et émiettez le thon dans un saladier.

2. Ajoutez le fromage frais et mélangez bien.

3. Émiettez les chips de crevettes et ajoutez 100 g à la préparation.

4. Relevez avec le sel, le poivre et le paprika.

5. Formez des boulettes et roulez-les dans le reste de chips émiettées.

6. Réservez au moins 2 heures au frais avant de servir.

• Notes :

....

....

....

....

....

Petites bouchées au saumon

20 minutes
2 heures
4 personnes

Des petites bouchées
parfaites en apéritif.

8 tranches de saumon fumé

250 g de fromage à tartiner (St Môret)

2 c. à s. d'aneth haché

Le jus d'½ citron

1. Versez le jus de citron dans le mixeur. Ajoutez 4 tranches de saumon fumé, le fromage et l'aneth. Mixez le tout.
2. Découpez une grande bande de film alimentaire, étalez dessus 4 tranches de saumon fumé en les faisant se chevaucher.
3. Répartissez par-dessus la crème de saumon puis roulez délicatement les tranches de saumon fumé de manière à former un cylindre.
4. Enveloppez-le de film alimentaire et laissez reposer au réfrigérateur pendant au moins 2 heures.
5. Juste avant de servir, retirez le film alimentaire, puis coupez des tronçons de 2 cm.
6. Arrosez d'un peu de citron et parsemez d'aneth.

• Notes :

....

....

....

....

....

Galettes de thon

20 minutes
5 minutes
6 personnes

Ce plat est original
et consistant.

1. Faites cuire les pommes de terre à l'eau pendant 20 minutes. Épluchez les pommes de terre et réduisez en purée.
2. Égouttez et émiettez le thon.
3. Mélangez, dans un saladier, la purée de pommes de terre et le thon.
4. Ajoutez les œufs, le gruyère, la farine et le persil. Salez, poivrez et formez des boulettes de 4 cm de diamètre.
5. Aplatissez-les de façon à obtenir de petites galettes.
6. Faites-les cuire au fur et à mesure dans un bain d'huile chaud.
7. Égouttez sur du papier absorbant. Servez sans attendre.

700 g de pommes de terre

3 boîtes de thon

2 œufs

50 g de gruyère râpé

1 c. à s. de farine

2 c. à s. de persil haché

Sel, poivre

Huile pour friture

• Notes :

Crème brûlée au saumon

20 minutes
30 minutes
2 heures
6 personnes

Le must du saumon !

40 cl de crème fraîche liquide

200 g de saumon fumé

6 jaunes d'œufs

2 c. à s. de sucre roux

1 c. à c. d'aneth ou estragon haché

Sel, poivre

1. Préchauffez le four à 90 °C.
2. Coupez et réservez 8 lamelles de saumon fumé pour le décor.
3. Mixez le reste de saumon avec la crème. Battez les jaunes d'œufs en omelette et incorporez à la crème de saumon.
4. Salez et poivrez puis versez la crème dans 4 ramequins. Saupoudrez d'aneth ou d'estragon haché et enfournez 30 minutes.
5. Sortez les crèmes du four et laissez refroidir au réfrigérateur au moins 2 heures.
6. Au moment de servir, saupoudrez les crèmes de sucre roux et caramélisez-les au chalumeau ou au four, en mode « gril » sur la partie la plus haute du four.
7. Déposez, sur chaque crème, 2 lamelles de saumon. Servez sans attendre.

• Notes :

....

....

....

....

....

Sardines aux épices

15 minutes
5 minutes
6 personnes

Tout l'Orient dans votre assiette.

1 kg de sardines

4 c. à s. de persil haché

4 c. à s. de coriandre hachée

4 gousses d'ail haché

1 c. à c. de cumin

1 c. à c. de paprika

Sel, poivre

Huile d'olive

Farine

Huile pour friture

1. Nettoyez les sardines.
2. Préparez la farce : mélangez les herbes avec l'ail, les épices et l'huile d'olive.
3. Badigeonnez-en les sardines puis farcissez-les avec le reste.
4. Roulez les sardines dans la farine puis faites-les griller ou frire dans un bain d'huile chaud.
5. Égouttez sur du papier absorbant.
6. Servez sans attendre.

• Notes :

....

....

....

....

....

Tortillas au saumon

15 minutes
30 minutes
6 personnes

1 boîte de saumon au naturel
1 petite boîte de concentré de tomate
20 cl de crème fraîche liquide
8 œufs
½ c. à c. de paprika
½ c. à c. de cumin
2 c. à s. de coriandre hachée
Le jus d'1 citron
Sel, poivre

1. Égouttez et émiettez le saumon. Cassez les œufs dans un saladier et battez-les en omelette.
2. Ajoutez le saumon, le concentré de tomate, la crème liquide, le jus de citron et la coriandre hachée.
3. Relevez avec le sel et les épices.
4. Préchauffez le four th. 6 (180 °C).
5. Versez l'omelette dans un moule en silicone et enfournez 30 minutes.
6. Démoulez et coupez la tortilla en tranches ou en petits cubes.

• Notes :

Gratin de sole

25 minutes
30 minutes
6 personnes

1 kg de filets de sole

200 g d'épinards hachés

50 g de fromage râpé

1 pot de crème fraîche épaisse

Chapelure

Sel, poivre

1. Versez la crème dans une casserole.

2. Ajoutez les épinards et faites cuire 10 minutes en remuant régulièrement.

3. Préchauffez le four th. 6 (180 °C).

4. Salez et poivrez les filets de sole, enroulez les filets un à un et disposez-les, au fur et à mesure, dans un moule à gratin.

5. Recouvrez de sauce aux épinards. Parsemez de fromage râpé et de chapelure.

6. Enfournez et laissez gratiner 30 minutes au four.

7. Servez sans attendre.

• Notes :

....

....

....

....

....

Terrine de thon aux courgettes

25 minutes
30 minutes
6 personnes

C'est idéal pour
les petites faims !

310 g de thon au naturel

5 œufs

2 courgettes moyennes

50 cl de crème fraîche épaisse

1 gousse d'ail

1 c. à s. de moutarde

2 c. à s. d'huile d'olive

Quelques tiges d'herbes aromatiques

Sel, poivre.

• Notes :

1. Lavez les courgettes, enlevez les extrémités, puis coupez-les en petits dés. Faites chauffer l'huile d'olive dans une poêle. Mettez-y les dés de courgettes et laissez cuire 10 minutes, en remuant de temps en temps.

2. Pelez l'ail. Lavez et équeutez les herbes puis épongez-les dans du papier absorbant.

3. Hachez l'ail et les herbes et ajoutez aux courgettes. Salez, poivrez, remuez et faites cuire encore 5 minutes à feu doux, puis laissez refroidir. Préchauffez le four th. 6 (180 °C) et placez-y un grand plat contenant de l'eau.

4. Égouttez et émiettez le thon. Passez-le au mixeur avec la crème fraîche, la moutarde, les œufs, le sel et le poivre. Versez dans un saladier puis incorporez les courgettes, l'ail et les herbes hachées. Mélangez délicatement le tout jusqu'à obtenir une préparation homogène.

5. Versez dans un moule à cake en silicone. Placez le moule dans le plat contenant de l'eau et faites cuire au bain-marie pendant 40 minutes. Laissez refroidir la terrine, couvrez-la et réservez au réfrigérateur au moins 6 heures. Démoulez et servez froid, accompagné de crudités.

Dorades farcies

Une dorade raffinée, aux saveurs douces et exotiques.

30 minutes
45 minutes
6 personnes

3 dorades vidées et écaillées

400 g de tomates concassées

1 poivron

2 oignons

2 gousses d'ail

2 c. à s. d'huile d'olive

1 c. à c. de harissa

1 c. à c. de ras el hanout

1 c. à c. de sucre en poudre

1 citron

Sel, poivre

1. Retirez le pédoncule et les graines du poivron, puis coupez-le en petits dés. Pelez et émincez les gousses d'ail et les oignons.
2. Faites revenir les poivrons et les oignons dans un grande poêle avec l'huile d'olive.
3. Après 5 minutes de cuisson, ajoutez l'ail émincé, la tomate concassée, la harissa et le sucre. Relevez avec le sel, le poivre et le ras el hanout. Mélangez et laissez réduire la sauce.
4. Préchauffez le four th. 7 (210 °C).
5. Nettoyez et essuyez soigneusement l'intérieur des dorades. Fourrez l'intérieur des poissons avec la farce. Huilez un plat allant au four et rangez-y les dorades côte à côte.
6. Salez, poivrez légèrement le dessus des dorades. Arrosez d'un filet d'huile d'olive et glissez le plat au four pendant 30 minutes. Présentez les dorades dans leur plat de cuisson, avec quelques lamelles de citron. Servez chaud accompagné de riz.

Variante : remplacez le poivron par des légumes d'été ou d'hiver coupés en petits cubes.

• Notes :

....

....

....

....

....

Parmentier de brocoli au lieu noir

30 minutes
1 h 10
4 personnes

Économique et vitaminé.

300 g de filets de cabillaud sans arêtes

3 carottes moyennes

30 cl de lait

2 gousses d'ail

3 c. à s. d'huile d'olive

Thym, laurier

Sel, poivre

Pour la purée de brocolis :

400 g de bouquets de brocolis

2 pommes de terre

15 cl de crème épaisse

40 g de beurre

Sel, poivre

• Notes :

1. Épluchez puis lavez les carottes et les pommes de terre. Faites cuire les pommes de terre, les carottes et les brocolis dans une eau salée pendant 30 minutes.

2. Égouttez les légumes une fois cuits. Rincez le poisson et recouvrez-le de lait. Ajoutez le laurier et le thym. Portez à ébullition et faites cuire le poisson pendant 20 minutes. Salez en fin de cuisson.

3. Coupez les carottes en fines lamelles dans le sens de la longueur puis faites-les revenir à la poêle avec 2 cuillères à soupe d'huile d'olive. Ajoutez l'ail écrasé. Salez légèrement. Passez les brocolis avec les pommes de terre au presse-purée. Ajoutez la crème épaisse et le beurre. Salez, poivrez.

4. Préchauffez le four th. 7 (210 °C). Égouttez et émiettez la chair du poisson. Ajoutez 1 cuillère à soupe d'huile d'olive et 4 cuillères à soupe du lait de cuisson. Relevez avec le sel, le poivre et la noix de muscade.

5. Beurrez le plat allant au four. Répartissez les carottes dans le plat. Déposez une couche de cabillaud puis une couche de purée de brocolis. Enfournez 15 minutes et servez sans attendre.

Gratin de fruits de mer

30 minutes
40 minutes
6 personnes

Délicieux et rapide à réaliser.

1. Faites revenir séparément dans une poêle avec un peu d'huile d'olive, les champignons, les fruits de mer et les quenelles coupées en morceaux.

2. Disposez-les, au fur et à mesure, dans un plat à gratin.

3. Mélangez dans une casserole la sauce tomate et la crème liquide.

4. Salez légèrement et poivrez.

5. Versez la sauce sur les quenelles, les fruits de mer et les champignons poêlés. Recouvrez de fromage râpé.

6. Faites cuire au four th. 6 (180 °C) pendant 20 minutes.

7. Servez, sans attendre, dans le plat à gratin.

12 quenelles (au brochet ou nature)

200 g de champignons de Paris en morceaux

400 g de fruits de mer

420 g de sauce tomate cuisinée aux légumes

100 g d'emmental râpé

40 cl de crème liquide

6 c. à s. d'huile d'olive

Sel, poivre

• Notes :

....

....

....

....

....

Sardines farcies

20 minutes
6 minutes
4 personnes

Un classique méditerranéen.

- 16 sardines
- 6 gousses d'ail
- 1 c. à c. de harissa
- 2 c. à s. de persil plat haché
- 1 pincée de cumin
- 1 œuf
- Sel, poivre
- Farine
- 1 citron
- Huile pour friture

1. Écaillez les sardines et retirez les têtes. Videz-les et ôtez délicatement l'arête centrale.
2. Rincez les sardines et épongez-les dans du papier absorbant. Ouvrez-les à plat.
3. Préparez la farce : pelez et hachez les gousses d'ail, et mélangez-les avec le persil haché, le cumin, la harissa et l'œuf. Salez et poivrez.
4. Répartissez la farce sur 8 sardines, et recouvrez chacune d'elle d'une sardine.
5. Passez les sardines dans la farine, et faites-les dorer 3 minutes de chaque côté.
6. Décorez de quelques feuilles de persil et servez aussitôt avec quelques quartiers de citron.

• Notes :

....

....

....

....

....

Variante : pour des sardines moins relevées : remplacez la harissa par du ketchup.

Les desserts

Crème de riz à la cannelle

10 minutes
10 minutes
2 heures
6 personnes

Retrouvez toute la douceur
de votre enfance...

1 litre de lait

4 c. à s. de sucre en poudre

1 pincée de sel

4 c. à s. de farine de riz

1 c. à s. d'eau de fleur d'oranger

50 g de raisins secs (facultatif)

Cannelle pour déco

1. Faites tremper les raisins secs sans un bol d'eau tiède.
2. Dans une casserole, fouettez le lait avec le sucre, l'eau de fleur d'oranger, la farine de riz et le sel.
3. Portez à ébullition en remuant sans cesse, jusqu'à ce que la crème épaississe.
4. Retirez du feu et ajoutez les raisins secs. Répartissez la crème dans les ramequins.
5. Décorez avec la cannelle et réservez au moins 2 heures au réfrigérateur.
6. Servez très frais.

Variante : pour un effet moins lisse, remplacez la farine de riz par 200 g de riz grossièrement moulu

• Notes :

....

....

....

....

....

Msemmens

Vous les apprécierez tout particulièrement avec un thé parfumé aux épices douces.

20 minutes
6 min/msemmens
2 heures
6 personnes

300 g de semoule fine

100 g de farine

1 c. à c. de sel

40 cl d'eau environ

1 bol d'huile

150 g de confiture ou miel

1. Versez la semoule, le sel et l'eau dans un robot pétrin. Laissez pétrir 15 à 20 minutes.

2. Si vous n'avez pas de robot : versez la semoule dans un grand plat. Ajoutez le sel et arrosez progressivement d'eau en pétrissant longuement jusqu'à obtenir une pâte élastique, très molle et non collante. Ajoutez de l'eau si nécessaire. Couvrez et laissez reposer au moins 2 heures au frais.

3. Huilez vos mains et façonnez des boules de la taille d'une mandarine, en pressant la pâte entre le pouce et l'index. Déposez-les au fur et à mesure sur un plateau huilé.

4. Huilez le plan de travail. Prenez une 1re boule et étalez-la avec la main droite (ou avec un rouleau) jusqu'à obtenir une feuille très fine. Rabattez les 4 côtés de façon à obtenir un carré.

5. Préchauffez une plaque en fonte (ou une poêle antiadhésive). Déposez délicatement le carré de pâte sur la plaque et faites cuire 3 minutes de chaque côté (le msemmens doit être légèrement doré de chaque côté). Recommencez l'opération jusqu'à épuisement de la pâte. Servez tiède ou froid avec de la confiture ou du miel.

• Notes :

....

....

....

....

....

Chamia (feuilletés amandes-pistaches)

30 minutes
35 minutes
20 feuilletés

Raffinés et croustillants en bouche !

1 paquet de pâte phyllo

150 g de pistaches concassées

150 g de miel

60 g de beurre fondu

Pour la farce :

300 g d'amandes moulues

100 g de sucre en poudre

2 œufs

Le zeste d'1 citron

10 g de beurre fondu

1. Préparez la farce : mélangez, dans un saladier, les amandes moulues, le sucre, les œufs, le zeste de citron et le beurre fondu.
2. Superposez 8 feuilles de pâte phyllo. Coupez des carrés de 8 cm de côté.
3. Disposez une boule de farce au centre de chaque carré. Relevez les 4 sommets et pincez légèrement.
4. Placez-les, au fur et à mesure, dans un plat allant au four, en les serrant les uns contre les autres afin qu'ils ne s'ouvrent pas pendant la cuisson.
5. Préchauffez le four th. 6 (180 °C).
6. Arrosez les feuilletés de beurre fondu, puis laissez cuire 35 minutes au four, jusqu'à ce qu'ils dorent légèrement.
7. Retirez du four, puis arrosez les gâteaux encore chauds de miel. Parsemez généreusement de pistaches concassées.

• Notes :

Cornes de gazelle

Le grand classique délicieusement exotique.

45 minutes
20 minutes
25 cornes de gazelle

1. Préparez la pâte : mélangez la farine et le beurre fondu. Frottez avec vos mains. Ajoutez l'œuf et l'eau de fleur d'oranger. Salez, puis ajoutez de l'eau, peu à peu, en pétrissant, jusqu'à obtenir une pâte malléable.

2. Préparez la farce : mélangez la poudre d'amandes avec le sucre et la cannelle (ou vanille). Incorporez l'eau de fleur d'oranger. Amalgamez le tout, jusqu'à obtenir une farce homogène et ferme (qui doit tenir en boudin quand on la malaxe dans la main).

3. Préchauffez le four th. 6 (180 °C). Étalez la pâte sur un plan de travail fariné puis, à l'aide d'un emporte-pièce ou d'un verre, découpez des ronds de 8 cm de diamètre. Déposez un boudin de farce sur chaque rond, puis roulez la pâte de façon à former un croissant.

4. Faites cuire 20 minutes au four. Pendant ce temps, versez le sucre glace dans un grand saladier. Sortez les cornes de gazelle du four et transvasez-les, sans attendre, dans le grand saladier. Roulez-les, encore très chaudes, dans le sucre glace. Déposez-les, au fur et à mesure, sur un plateau, les unes contre les autres. Laissez refroidir. Avant de servir, passez-les une seconde fois dans le sucre glace.

500 g de farine

150 g de beurre fondu

1 petit œuf

1 pincée de sel

5 c. à s. d'eau de fleur d'oranger

20 cl d'eau environ

500 g de sucre glace

Pour la farce :

500 g d'amandes moulues

150 g de sucre fin

1 pincée de cannelle

15 cl d'eau de fleur d'oranger

• Notes :

....

....

....

....

....

Zlabia

20 min la veille
17 minutes
2 h 30
10 zlabia

Une véritable invitation au voyage se cache sous ces succulents gâteaux traditionnels

375 g de farine

15 cl d'eau de fleur d'oranger

15 cl d'eau

8 g de levure de boulanger

1 c. à c. de sel

Colorant orange

Pour le sirop :

75 cl d'eau

300 g de sucre

3 c. à s. d'eau de fleur d'oranger

Le jus d'1 citron

• Notes :

....

....

....

....

....

1. Préparez la pâte : versez l'eau et l'eau de fleur d'oranger dans un grand bol et passez le mélange au four micro-ondes pendant 1 minute. Délayez la levure dans cette eau. Versez la farine et le sel dans un grand saladier. Incorporez, peu à peu, le mélange eau-levure-eau de fleur d'oranger.

2. Ajoutez le colorant orange et mélangez énergiquement. Couvrez et laissez la pâte lever dans un endroit sec pendant 1 h 30. Remuez à nouveau, puis laissez gonfler la pâte pendant 1 heure. Couvrez et laissez reposer la pâte toute la nuit.

3. Le lendemain, préparez le sirop : versez l'eau dans une casserole. Ajoutez le sucre, le jus de citron et l'eau de fleur d'oranger. Faites bouillir à feu vif pendant 15 minutes. Laissez refroidir.

4. Chauffez l'huile dans un fait-tout. Mélangez la pâte avant de la verser dans une poche à douille ou un cornet. Dessinez des cercles entrelacés dans l'huile bouillante. Faites dorer les 2 faces. Égouttez, puis trempez 1 minute dans le sirop. Égouttez. Recommencez l'opération jusqu'à épuisement de la pâte.

5. Laissez complètement refroidir avant de servir.

Makrouts aux dattes

Pour une ambiance parfaite, proposez-les avec un bon thé à la menthe.

30 minutes
5 minutes
20 minutes
30 makrouts

300 g de semoule moyenne
100 g de beurre
1 pincée de sel
4 c. à s. d'eau de fleur d'oranger
10 cl d'eau environ
1 litre d'huile pour la friture
200 g de miel

Pour la farce :

300 g de pâte de dattes
1 pincée de cannelle
5 c. à s. d'eau de fleur d'oranger
1 noisette de beurre ramolli

1. Préparez la farce : amalgamez la pâte de dattes avec la cannelle, le beurre ramolli et l'eau de fleur d'oranger. Réservez.
2. Versez la semoule dans un grand plat. Ajoutez le beurre fondu et le sel. Frottez entre vos mains. Laissez reposer 20 minutes. Parfumez la semoule d'eau de fleur d'oranger puis, humectez-la d'eau. Mélangez grossièrement avec les doigts sans pétrir et formez une boule malléable.
3. Façonnez un boudin de 4 cm de diamètre, sur une longueur de 20 cm.
4. Faites une fente, avec le pouce, au milieu du boudin et sur toute sa longueur. Déposez-y un petit boudin de farce aux dattes et refermez délicatement.
5. Aplatissez légèrement la pâte avec la main puis découpez en losanges.
6. Faites cuire les makrouts dans un bain d'huile très chaud jusqu'à ce qu'ils soient dorés. Égouttez-les sur du papier absorbant et trempez-les dans le miel tiède. Égouttez et laissez refroidir avant de servir.

• Notes :

Crêpes orientales 1 000 trous

10 minutes
2 min par crêpes
15 crêpes

Goutez ces crêpes originales savoureuses et incroyablement moelleuses.

1 bol de semoule fine

½ bol de farine

1 c. à c. de sel

2 sachets de levure chimique

2 c. à c. de levure boulangère

1 c. à c. de sucre en poudre

2 bols d'eau tiède

50 g de beurre

Miel, sucre et confiture

1. Diluez la levure boulangère et le sucre dans un verre d'eau tiède. Versez le mélange dans un mixeur et ajoutez 1 bol d'eau tiède.
2. Mélangez, dans un grand saladier, la semoule, la farine, le sel et la levure chimique. Ajoutez ce mélange dans le mixeur.
3. Incorporez un 2e bol d'eau tiède et mixez le tout, au moins 5 minutes, jusqu'à obtenir une crème mousseuse.
4. Versez la préparation dans un grand saladier et laissez reposer 1 heure. La pâte doit doubler de volume.
5. Faites chauffer la poêle. Beurrez-la légèrement. Mélangez la pâte, puis versez 1 louche dans la poêle chaude.
6. Faites cuire ainsi les crêpes 2 minutes, uniquement d'un côté, sans les retourner. Déposez-les, au fur et à mesure, sur une grande assiette.
7. Badigeonnez-les de beurre, afin qu'elles ne se collent pas les unes aux autres. Servez chaud, sans attendre, avec du miel, du sucre ou de la confiture.

- Notes :

....

....

....

....

....

Basboussa (gâteau de semoule)

25 minutes
30 minutes
20 parts

Ce gâteau est nourrissant
et délicieux !

400 g de semoule
100 g de poudre d'amandes
100 g de beurre ramolli + 10 g (pour le moule)
100 g de sucre glace
3 œufs, 50 cl de lait
1 sachet de levure chimique
1 sachet de sucre vanillé
Quelques amandes entières

Pour le sirop :
180 g de sucre en poudre
30 cl d'eau
15 cl d'eau de fleur d'oranger

1. Préchauffez le four th. 6 (180 °C). Beurrez un moule rectangulaire 30 x 20.
2. Travaillez le beurre et le sucre glace, jusqu'à ce que le mélange blanchisse. Ajoutez les œufs, le sucre vanillé et la levure. Incorporez les amandes en poudre, puis la semoule en alternant avec le lait.
3. Versez la pâte obtenue dans le moule, en la répartissant uniformément.
4. Disposez délicatement sur le dessus une amande tous les 4 cm, de façon à obtenir une amande au milieu de chaque part, une fois coupée.
5. Faites cuire 30 minutes au four, jusqu'à ce que le dessus soit bien doré.
6. Préparez le sirop : versez l'eau, le sucre et l'eau de fleur d'oranger dans une petite casserole. Faites bouillir à feu vif pendant 15 minutes.
7. Arrosez le gâteau de semoule encore chaud de sirop. Laissez complètement refroidir puis coupez la basboussa en carrés ou en losanges.

• Notes :

Griweches

20 minutes
2 minutes
30 minutes
30 griweches

500 g de farine
125 g de beurre
1 sachet de levure
1 œuf
1 pincée de sel
1 c. à c. de vinaigre
1 c. à s. de sucre glace
2 c. à s. d'eau de fleur d'oranger
20 cl d'eau environ

Pour la finition :
100 g de miel
15 cl d'eau de fleur d'oranger
Graines de sésame

• Notes :

1. Préparation : Mélangez la farine avec le sucre glace, le sel et la levure. Faites un puits et versez le beurre fondu, l'eau de fleur d'oranger, l'œuf et le vinaigre. Mélangez bien.

2. Pétrissez la pâte, en arrosant d'eau, jusqu'à obtenir une pâte lisse et homogène. Divisez la pâte en 3 ou 4 boules que vous recouvrerez d'un film alimentaire. Laissez reposer 30 minutes.

3. À l'aide d'un rouleau, étalez une 1re boule de pâte sur 2 mm d'épaisseur. Coupez des rectangles de 8 x 8 cm avec une roulette dentelée (ou un moule à griweches). Entaillez à l'intérieur, de façon à obtenir 5 lanières.

4. Retournez 2 extrémités du rectangle et passez-les dans la fente du milieu. Recommencez l'opération jusqu'à épuisement de la pâte. Chauffez l'huile dans un fait-tout. Plongez les griweches, un à un, dans le bain de friture. Laissez légèrement dorer, puis égouttez sur du papier absorbant.

5. Versez le miel et l'eau de fleur d'oranger dans une casserole et portez 5 minutes sur feu doux, en remuant. Arrosez les griweches de miel, égouttez, puis parsemez de graines de sésame. Laissez refroidir avant de servir.

Croustillants au chocolat

15 minutes
10 minutes
20 bonbons

5 feuilles de brick

200 g de chocolat noir ou au lait

30 g de beurre

150 g de poudre d'amandes

1 litre d'huile pour la friture

1 blanc d'œuf

1. Faites fondre le chocolat et le beurre au bain-marie. Retirez du feu puis incorporez la poudre d'amandes.

2. Séparez les feuilles de brick et découpez, sur chaque feuille, 4 rectangles de 8 x 6 cm.

3. Déposez au centre du rectangle 1 cuillère à café de farce au chocolat. Roulez le rectangle sur lui-même et collez avec du blanc d'œuf. Pincez les extrémités de façon à obtenir la forme d'un bonbon.

4. Chauffez l'huile dans un fait-tout. Recommencez l'opération jusqu'à épuisement des feuilles de brick.

5. Faites cuire « les bonbons » dans un bain de friture et retirez-les dès qu'ils sont dorés. Égouttez sur du papier absorbant. Laissez refroidir. Au moment de servir, saupoudrez de sucre glace.

Variante : remplacez la poudre d'amandes par de la noix de coco, des noisettes ou du riz soufflé.

Astuce : réalisez des bonbons croustillants moins gras : faites-les cuire au four th. 5 (150 °C) pendant 20 minutes.

• Notes :

....

....

....

....

....

Ktaiefs (cheveux d'ange fourrés aux amandes)

20 minutes
20 minutes
15 ktaiefs

Retrouvez l'ambiance chaleureuse et sucrée de là-bas.

300 g de vermicelles « cheveux d'ange »
100 g de beurre

Pour la farce :
300 g de poudre d'amandes
200 g de sucre en poudre
2 c. à s. d'eau de fleur d'oranger
1 noisette de beurre ramolli
1 sachet de sucre vanillé

Pour le sirop :
40 cl d'eau
200 g de sucre
3 c. à s. d'eau de fleur d'oranger

• Notes :

1. Beurrez un moule allant au four.
2. Préparez la farce : amalgamez la poudre d'amandes avec le sucre, le beurre, l'eau de fleur d'oranger et la vanille. Formez de petites boules de la taille d'une noix.
3. Prenez un peu de cheveux d'ange dans la paume de la main.
4. Déposez-y, au milieu, une boule de farce aux amandes, puis formez une boule. Répétez l'opération jusqu'à épuisement des cheveux d'ange.
5. Disposez-les, au fur et à mesure, dans le moule. Arrosez de beurre fondu.
6. Faites cuire 20 minutes au four, jusqu'à ce que les ktaiefs soient dorés.
7. Préparez votre sirop : versez l'eau, le sucre et l'eau de fleur d'oranger dans une casserole et portez à ébullition, pendant 15 minutes.
8. Retirez le moule du four et arrosez les gâteaux, encore chauds, de sirop. Laissez complètement refroidir avant de servir.

Mesfouf (couscous sucré)

30 minutes
40 minutes
6 personnes

Une recette traditionnelle très appréciée dans les moments de fêtes comme le Ramadan.

600 g de semoule de couscous moyenne

6 c. à s. d'huile

Sel

100 g de beurre

150 g de raisins secs

150 g de sucre en poudre

Cannelle

Miel

Sucre glace

1. Versez la semoule de couscous dans un grand plat. Ajoutez l'huile et frottez bien entre vos mains. Arrosez d'1 bol d'eau froide, et laissez reposer le temps que la semoule absorbe l'eau. Roulez la semoule de couscous entre vos mains jusqu'à ce que la graine soit bien détachée et qu'il n'y ait plus de grumeaux. Remplissez à moitié d'eau la partie basse du couscoussier et portez à ébullition.

2. Déposez la semoule dans la partie haute du couscoussier. Placez sur la marmite et laissez cuire 20 minutes jusqu'à ce que la vapeur s'échappe abondamment à travers le couscous. (Pour assurer l'étanchéité du couscoussier, entourez la jonction entre les 2 récipients avec un morceau de tissu humide).

3. Retirez du feu. Versez la semoule dans le grand plat et humectez d'1 bol d'eau. Aérez la graine à l'aide d'une cuillère en bois. Salez, mélangez, et laissez sécher 10 minutes. Égrenez le couscous entre vos mains, écrasez les grumeaux et lissez la graine. Incorporez les raisins secs. Passez une 2e fois à la vapeur pendant 15 minutes.

4. Versez le couscous chaud dans le grand plat, ajoutez le beurre, le sucre et travaillez entre la paume des mains. Dressez le couscous en cône dans un plat de service. Saupoudrez le sommet de sucre glace, dessinez des lignes de cannelle et arrosez de miel.

• Notes :

Tajine de fruits au miel

20 minutes
15 minutes
2 heures
6 personnes

12 grains de raisin rouge

8 abricots secs

8 figues fraîches

4 tranches d'ananas

4 tranches d'orange confites

4 c. à s. de miel

2 kiwis

1 bâton de cannelle

2 c. à s. de pignons de pin

Le jus d'1 orange

1. Lavez les grains de raisin.
   Rincez et coupez les figues en 4.

2. Coupez les tranches d'ananas et d'orange confites en 2.
   Pelez et coupez les kiwis en morceaux.

3. Versez le miel dans une poêle. Ajoutez tous les fruits et faites-les poêler pendant 5 minutes en remuant délicatement.

4. Ajoutez le jus d'orange et le bâton de cannelle et continuez la cuisson pendant 10 minutes sur feu doux.

5. En fin de cuisson, parsemez de pignons de pin. Laissez refroidir puis répartissez le tajine de fruits avec son jus dans les verrines.

6. Réservez au moins 2 heures au réfrigérateur, avant de servir très frais.

• Notes :

....

....

....

....

....

Dattes farcies

20 minutes
10 minutes
24 dattes

24 dattes bien mûres

200 g de pâte d'amandes blanche, verte ou rose

50 g de sucre en poudre

Pour le sirop :

150 g de sucre en poudre

10 cl d'eau de fleur d'oranger

1. Préparez le sirop : versez l'eau de fleur d'oranger et le sucre dans une casserole et portez 10 minutes à ébullition. Laissez refroidir.

2. Incisez les dattes sur le côté et retirez le noyau.

3. Façonnez des boudins de pâte d'amandes de 3 cm environ.

4. Fourrez chaque datte d'un boudin de pâte d'amandes.

5. Reformez les dattes en laissant apparaître généreusement la pâte d'amandes.

6. Trempez les dattes farcies dans le sirop puis roulez-les dans le sucre en poudre.

Variante : remplacez les dattes par des pruneaux ou des cerneaux de noix.

• Notes :

....

....

....

....

....

Roses des sables au chocolat

15 minutes
5 minutes
20 roses des sables

200 g de corn flakes (pétales de mais soufflé)

180 de chocolat noir ou au lait pâtissier

100 g de sucre glace

80 g de beurre (ou Végétaline)

1. Recouvrez un plateau de papier aluminium (ou sulfurisé).
2. Cassez le chocolat en morceaux dans une casserole. Ajoutez le beurre. Faites fondre sur feu doux en remuant jusqu'à obtenir une préparation lisse. Retirez du feu et incorporez le sucre glace.
3. Versez les céréales dans un saladier puis arrosez-les de chocolat fondu. Mélangez délicatement jusqu'à ce que les céréales soient bien enrobées.
4. Formez de petits tas à l'aide de 2 cuillères et déposez-les sur le plateau. Laissez durcir au moins 1 heure au réfrigérateur.

Variante : roses des sables au chocolat blanc et amandes : ajoutez 20 g de poudre d'amandes dans le chocolat fondu avant de verser la préparation sur les céréales.

Roses des sables légères : préparez-les de la même façon, sans beurre, ni sucre glace !

• Notes :

....

....

....

....

....

Sablés amandes et confiture

20 minutes
15 minutes
30 sablés

Parfumés d'amandes, de vanille et de cannelle, ces sablés sont un vrai régal...

250 g de farine

100 g de poudre d'amandes

150 g de beurre ramolli

100 g de sucre en poudre

1 goutte de vanille

100 g de confiture d'abricots

1 pincée de cannelle

1. Travaillez le beurre et le sucre en crème, puis ajoutez la poudre d'amandes, la vanille et la cannelle. Mélangez bien puis incorporez la farine, jusqu'à obtenir une pâte ferme (ajoutez de la farine si nécessaire).

2. Préchauffez le four th. 6 (180 °C). Recouvrez la plaque du four de papier sulfurisé.

3. Étalez la pâte, à l'aide d'un rouleau, sur une épaisseur de 5 mm. Découpez des formes identiques, à l'aide d'un emporte-pièce. Déposez, au fur et à mesure, sur la plaque.

4. Faites cuire 15 minutes au four et laissez refroidir sur une grille.

5. Liquéfiez la confiture au four micro-ondes pendant 2 minutes. Réunissez les biscuits en paire.

6. Étalez une fine couche de confiture sur le côté plat du biscuit et recouvrez d'un autre biscuit. Roulez les bords des biscuits dans la poudre d'amandes.

• Notes :

....

....

....

....

....

Losanges aux graines de sésame

15 minutes
20 minutes
30 losanges

Faciles à réaliser, Ils se dégustent, juste pour le plaisir !

250 g de farine

50 g de Maïzena

100 g de beurre ramolli

2 œufs

50 g de sucre glace

½ sachet de levure chimique

1 goutte d'extrait de vanille

Pour la finition :

300 g de sucre glace pour l'enrobage

60 g de graines de sésame grillées

1. Préchauffez le four th. 5 (150 °C).
2. Mélangez le beurre ramolli avec le sucre et la vanille. Ajoutez les œufs, puis la Maïzena.
3. Mélangez bien. Incorporez la levure, la farine, puis les graines de sésame moulues.
4. Formez des boudins de 3 cm d'épaisseur et coupez-les en losanges de 4 cm.
5. Déposez-les, au fur et à mesure, sur une plaque farinée.
6. Faites cuire 15 à 20 minutes au four, jusqu'à ce que les losanges aient une légère coloration dorée.
7. Enrobez les losanges encore chauds de sucre glace. Laissez refroidir avant de servir.

• Notes :

....

....

....

....

....

Bâtonnets confiture et chocolat

20 minutes
15 minutes
20 bâtonnets

C

200 g de farine

150 g de Maïzena

250 g de beurre ramolli

150 g de chocolat noir pâtissier

100 g de confiture d'abricots

90 g de sucre glace

2 œufs

1 sachet de sucre vanillé

1 sachet de levure chimique

Le zeste d'un citron (facultatif)

1. Recouvrez la plaque allant au four de papier sulfurisé.

2. Dans une terrine, travaillez le beurre ramolli et le sucre glace. Ajoutez le sucre vanillé, les œufs et le zeste de citron (facultatif). Mélangez bien. Incorporez la levure, la Maïzena et la farine et mélangez bien, jusqu'à obtenir une pâte homogène et très molle.

3. Préchauffez le four th. 5-6 (175 °C).

4. Avec une poche à douille à embout large et dentelé, formez des bâtonnets de 4 cm de long.

5. Faites cuire 15 minutes au four. Laissez refroidir sur une grille.

6. Liquéfiez la confiture 1 minute au four micro-ondes. Collez les bâtonnets 2 à 2 avec la confiture.

7. Faites fondre le chocolat et le beurre au bain-marie, en remuant, jusqu'à obtenir une crème lisse. Trempez les 2 extrémités des bâtonnets dans le chocolat fondu. Laissez sécher avant de servir.

• Notes :

....

....

....

....

....

Mcheweks aux amandes

20 minutes
15 minutes
20 mcheweks

Exotiques…et tentantes,
ces petites bouchées !

250 g de poudre d'amandes

50 g d'amandes effilées

1 œuf + 1 blanc d'œuf

100 g de sucre en poudre

30 g de beurre fondu

1 sachet de sucre vanillé

Quelques cerises confites

1. Mélangez la poudre d'amandes avec le sucre, le beurre et le sucre vanillé.
2. Mouillez avec l'œuf, jusqu'à obtenir une pâte ferme.
3. Préchauffez le four th. 6 (180 °C). Recouvrez la plaque du four de papier sulfurisé.
4. Formez de petites boules de la grosseur d'une noix. Passez-les, au fur et à mesure, dans le blanc d'œuf, puis dans les amandes effilées.
5. Garnissez d'une demi-cerise confite, puis déposez les petites boules sur la plaque.
6. Faites cuire 15 minutes au four. Présentez dans des caissettes en papier.

• Notes :

....

....

....

....

....

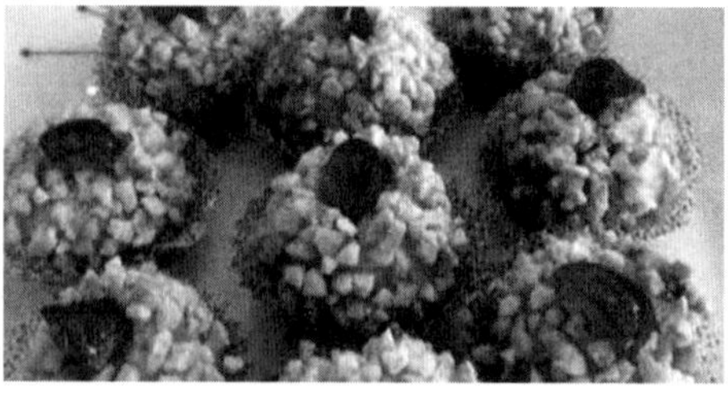

Sablés à la confiture

20 minutes
10 minutes
25 sablés

C

1. Mélangez le beurre avec le sucre glace, la vanille et les œufs.

2. Ajoutez la levure et la farine et mélangez bien jusqu'à obtenir une pâte lisse et malléable. Laissez reposer 1 heure au frais.

3. Préchauffez le four th. 6 (180 °C). Recouvrez la plaque du four de papier sulfurisé.

4. Farinez le plan de travail et abaissez la pâte au rouleau sur une épaisseur de 3 mm.

5. Découpez des sablés ronds avec un emporte-pièce. Faites un trou de 2 cm de diamètre au centre de la moitié des sablés.

6. Disposez-les sur la plaque et faites-les cuire 10 minutes au four. Laissez refroidir.

7. Étalez un peu de confiture d'abricots sur les sablés entiers, puis recouvrez d'un sablé troué.

8. Saupoudrez de sucre glace.

500 g de farine

125 g de sucre glace

250 g de beurre

1 goutte d'extrait de vanille (ou 1 sachet de sucre vanillé)

2 œufs

2 pincées de levure chimique

Pour la finition :

Confiture d'abricots ou framboises

Sucre glace

• Notes :

....

....

....

....

....

Fleurs de brick au miel

30 minutes
15 minutes
10 fleurs de brick

10 feuilles de brick

100 g de beurre fondu

Pour la farce :

200 g d'amandes non émondées et moulues

150 g de sucre glace

Le zeste d'½ citron

2 œufs

1 sachet de sucre vanillé

• Notes :

1. Beurrez des moules à muffins.
2. Préparer la farce : amalgamez la poudre d'amandes avec le sucre glace, le zeste de citron et le sucre vanillé. Ajoutez les œufs, un à un, jusqu'à obtenir une farce ferme et homogène.
3. Séparez les feuilles de brick. Superposez les unes sur les autres.
4. Coupez 10 cercles de 9 cm de diamètre, 10 cercles de 6 cm et 10 autres de 5 cm.
5. Foncez chaque moule d'un cercle de brick de 9 cm, en laissant déborder. Badigeonnez-les de beurre fondu, à l'aide d'un pinceau, puis posez dessus un cercle de 6 cm. Garnissez de farce aux ¾.
6. Pour chaque gâteau, pliez un cercle de brick de 5 cm en 2, puis en 4 et enfin en 6. Piquez tel quel dans la farce.
7. Préchauffez le four th. 6 (180 °C). Badigeonnez les fleurs de brick de beurre fondu et faites dorer 15 minutes au four. Arrosez les fleurs de brick encore chaudes de miel. Laissez refroidir avant de servir.

Fondants aux noix

10 minutes
10 minutes
30 fondants

Variez les plaisirs et surprenez vos convives avec ces fondants qui se préparent en un clin d'œil.

1. Préchauffez le four th. 5 (150 °C).

2. Mélangez la poudre de noix avec le sucre. Mouillez avec le blanc d'œuf puis, mélangez le tout, jusqu'à obtenir une pâte homogène et ferme.

3. Farinez le plan de travail. Formez un boudin de pâte, puis découpez-le en losanges, carrés ou ronds (au couteau ou à l'aide d'un emporte-pièce).

4. Déposez, au fur et à mesure, sur une plaque beurrée et enfournez 10 minutes. Laissez-les refroidir sur la plaque, sans les toucher.

5. Préparez le glaçage : cassez le chocolat en morceaux et faites-le fondre dans une casserole, avec le beurre et le lait. Remuez jusqu'à obtenir une préparation lisse.

6. Trempez les fondants aux noix dans le chocolat fondu. Décorez chaque fondant d'un cerneau de noix. Laissez sécher au moins 3 heures au frais avant de servir.

250 g de noix moulues

100 g de sucre

1 blanc d'œuf

Quelques cerneaux de noix

Pour le glaçage :

250 g de chocolat noir

4 c. à s. de lait

1 noisette de beurre

• Notes :

Nœuds de cravates (torsadés aux pistaches)

40 minutes
20 minutes
20 torsadés

600 g de farine

150 g de beurre fondu

5 c. à s. d'eau de fleur d'oranger

1 pincée de sel

50 cl d'eau tiède environ

200 g de miel

Pour la farce :

400 g de pistaches finement moulues

200 g de sucre glace

Le zeste d'un citron râpé

4 œufs

• Notes :

1. Dans un récipient, mélangez la farine, le sel et le beurre fondu. Frottez entre vos mains jusqu'à ce que la farine absorbe bien la matière grasse. Parfumez d'eau de fleur d'oranger et ajoutez l'eau en pétrissant avec vos mains, jusqu'à obtenir une pâte ferme et lisse. Divisez en 3 boules. Recouvrez-les et laissez reposer 30 minutes. Pendant ce temps, préparez la farce : amalgamez la poudre de pistaches avec le sucre glace et le zeste de citron. Incorporez les œufs, un à un, en mélangeant bien.

2. Recouvrez une plaque allant au four de papier sulfurisé. Préchauffez le four th. 6 (180 °C). Abaissez une boule de pâte au rouleau sur une épaisseur de 2 mm. Découpez des bandes rectangulaires (15 x 4 cm) à l'aide d'une roulette. Prenez 1 rectangle de pâte et étalez une couche de farce sur toute sa surface. Recouvrez d'1 autre rectangle de pâte. Tournez les extrémités dans un sens opposé de façon à obtenir une torsade. Recommencez l'opération jusqu'à épuisement de la pâte. Déposez les torsadés, au fur et à mesure, sur la plaque. Faites cuire 15 à 20 minutes au four, jusqu'à ce que les gâteaux soient dorés.

3. Laissez tiédir. Chauffez le miel et l'eau de fleur d'oranger à feu doux, en remuant. Arrosez les torsadés de miel chaud. Égouttez, et laissez complètement refroidir avant de servir.

Gâteaux de semoule aux fruits confits et noix de coco

20 minutes
20 minutes
20 parts

400 g de semoule moyenne
150 g de sucre en poudre
150 g de beurre fondu
50 g de noix de coco
50 g de fruits confits
4 œufs
2 pots de yaourt goût vanille
1 sachet de levure
1 goutte d'extrait de vanille

Pour le sirop :

180 g de sucre en poudre
30 cl d'eau
10 cl d'eau de fleur d'oranger

1. Mélangez les œufs avec le yaourt, le sucre, la vanille et le beurre fondu. Incorporez la semoule et la levure.
2. Mélangez bien, puis ajoutez enfin les fruits confits.
3. Versez la pâte dans un moule beurré, en l'étalant uniformément.
4. Faites cuire 20 minutes au four, jusqu'à ce que le gâteau soit bien doré.
5. Préparez le sirop : versez l'eau, le sucre et l'eau de fleur d'oranger dans une petite casserole. Faites bouillir 5 minutes à feu vif.
6. Arrosez le gâteau, encore chaud, de sirop. Saupoudrez-le généreusement de noix de coco et laissez complètement refroidir, avant de le couper en losanges ou en carrés.

• Notes :

Dziriettes (petits paniers aux amandes)

40 minutes
20 minutes
6 personnes

Ce gâteau traditionnel fleure bon les soirées de fête.

500 g de farine
125 g de beurre
1 œuf
1 pincée de sel
Eau

Pour la farce :
500 g d'amandes moulues
250 g de sucre en poudre
6 à 8 œufs
2 zestes de citron râpés

Pour la déco :
Quelques pignons de pin, raisins secs, noix de coco, noisettes concassées, perles...

• Notes :

....

....

....

....

....

1. Graissez les mini-moules à tartelette. Préparez la pâte : mélangez la farine avec le sel et le beurre fondu. Incorporez l'eau, peu à peu, en pétrissant jusqu'à obtenir une pâte homogène et maniable.

2. Étalez la pâte au rouleau (ou à l'aide d'une machine à pâte n° 5 et 6) puis découpez des ronds, à l'aide d'un verre ou d'un emporte-pièce, de 8 cm de diamètre. Foncez dans les moules. Préchauffez le four th. 6 (180 °C).

3. Préparez la farce : mélangez les amandes moulues, le sucre et le zeste de citron. Incorporez les œufs, un à un, en mélangeant de façon à obtenir une farce ni trop solide, ni trop liquide.

4. Farcissez-en généreusement les tartelettes, à l'aide d'une cuillère.

5. Facultatif : décorez de perles, pignons de pin, raisins secs ou noix de coco. Faites cuire 15 à 20 minutes au four, jusqu'à ce que la farce dore légèrement.

6. Laissez tiédir les dziriettes sur une grille, puis trempez-les dans le miel liquéfié. Égouttez et déposez dans les caissettes en papier.

Baklawas aux amandes

60 minutes
45 minutes
50 baklawas

Pour la pâte :

800 g de farine

200 g de beurre fondu + 50 g pour enduire

40 cl d'eau tiède

2 cuillères à soupe d'eau de fleur d'oranger

1 pincée de sel

Pour la farce :

800 g d'amandes en poudre ou concassées

300 g de sucre

1 c. à c. de cannelle

40 cl d'eau de fleur d'oranger

Pour la finition :

500 g de miel

50 amandes entières

15 cl d'eau de fleur d'oranger

• Notes :

1. Préparez la farce : amalgamez les amandes avec le sucre, l'eau de fleur d'oranger et la cannelle. Réservez. Beurrez un moule rectangulaire 30 x 40 cm. Préparez la pâte : mélangez la farine et le sel dans un grand plat. Faites un puits et versez-y le beurre fondu. Mélangez bien avec vos mains. Ajoutez l'eau de fleur d'oranger puis l'eau tiède, tout en mélangeant. Pétrissez la pâte jusqu'à obtenir une pâte souple, très molle et maniable. Divisez cette pâte en 10 boules que vous couvrez avec un torchon propre.

2. Farinez le plan de travail puis étalez finement, à l'aide d'un rouleau, une 1re boule sur une épaisseur de 2 mm. Déposez la 1re feuille de pâte dans le moule, en prenant soin de la faire dépasser sur les bords. Badigeonnez de beurre et superposez une 2e feuille de pâte. Recommencez l'opération avec 3 autres feuilles de façon à former 5 couches de pâte beurrée et superposée. Déposez et étalez la farce sur la 5e feuille. Recouvrez de 5 autres abaisses de feuilles de pâte en procédant de la même manière que les 5 premières, sans oublier de beurrer entre chaque couche. Préchauffez le four th. 6 (180 °C).

3. Avec un couteau tracez des losanges de 4 cm de côté et piquez chaque losange d'une amande. Badigeonnez la surface du gâteau de beurre fondu. Enfournez 45 minutes, jusqu'à ce que les baklawas soient dorées. Versez le miel dans une casserole. Ajoutez l'eau de fleur d'oranger puis portez 5 minutes sur feu doux en remuant. À la sortie du four, arrosez la baklawa de miel à la fleur d'oranger. Laissez reposer 6 heures avant de redécouper les losanges. Présentez les baklawas dans des caissettes en papier.

30 minutes
15 minutes
15 minutes
35 mini-tartelettes

Mini-tartelettes au chocolat

600 g de farine (environ)
250 g de beurre ramolli
2 c. à s. de sucre glace
1 œuf
5 cl d'eau environ
1 pincée de sel

Pour la garniture :
350 g de lait concentré sucré
400 g de chocolat au lait
10 cl de lait
1 noisette de beurre
50 g d'amandes effilées

• Notes :

1. Placez la boîte de lait concentré sucré dans une petite marmite. Recouvrez d'eau et portez à ébullition pendant 1 heure, le temps que le lait caramélise. Laissez complètement refroidir avant d'ouvrir.
2. Coupez le beurre ramolli en petits morceaux dans un saladier. Ajoutez le sucre glace, l'œuf et le sel. Mélangez bien puis incorporez, peu à peu, la farine. Travaillez la pâte avec vos mains, en l'arrosant d'eau, jusqu'à obtenir une pâte homogène. Laissez reposer 15 minutes.
3. Préchauffez le four th. 6 (180 °C). Graissez les moules à tartelettes, puis foncez-les en appuyant doucement du bout des doigts sur la pâte. Piquez à la fourchette et enfournez 15 minutes, jusqu'à ce que les tartelettes prennent une légère couleur dorée.
4. Cassez le chocolat en petits morceaux dans une petite casserole, ajoutez le beurre et le lait et faites fondre à feu doux.
5. Déposez une cuillère à café de lait concentré sucré au fond de chaque tartelette. Recouvrez d'une couche de chocolat au lait fondu. Décorez d'amandes effilées. Laissez refroidir au moins 2 heures au frais, avant de servir.

Maamouls (petits gâteaux fourrés aux dattes)

30 minutes
15 minutes
1 heure
25 maamouls

250 g de semoule
250 g de farine
250 g de beurre ramolli
80 g de sucre glace
2 c. à s. d'eau de fleur d'oranger
1 pincée de sel
1 pincée de levure chimique
15 cl d'eau environ

Pour la farce :
250 g de pâte de dattes
75 g de graines de sésame grillées
1 c. à s. d'eau de fleur d'oranger
1 c. à s. d'huile
½ c. à c. de cannelle

1. Mélangez la semoule fine avec la farine, le sucre glace, le sel et la levure. Ajoutez le beurre ramolli et frottez entre vos mains. Arrosez d'eau de fleur d'oranger et d'eau jusqu'à obtenir une pâte ferme et homogène. Roulez la pâte en boule et couvrez-la. Laissez reposer 1 heure.

2. Préparez la farce : mélangez la pâte de dattes avec les poudres de graines de sésame et de cannelle. Ajoutez l'eau de fleur d'oranger et l'huile. Amalgamez longuement le tout. Huilez vos mains et formez de petites boules de farce de la taille d'une noisette. Préchauffez le four th. 6 (180 °C). Recouvrez la plaque du four de papier sulfurisé.

3. Façonnez une boule de pâte de semoule dans le creux de la main. Formez une cavité avec le doigt et déposez-y une boulette de farce. Refermez la cavité puis roulez la pâte entre vos mains pour reformer une boule. Décorez chaque boule à l'aide d'un moule à maamoul fariné.

4. Déposez les maamouls, au fur et à mesure, sur la plaque du four. Faites cuire 10 à 15 minutes au four, en prenant soin de ne pas les faire dorer. Laissez refroidir sur une grille puis saupoudrez de sucre glace.

• Notes :

Boules coco

20 minutes
20 minutes
40 boules coco

200 g de farine
100 g de Maïzena
1 œuf
125 g de beurre ramolli
100 g de sucre fin
1 goutte de vanille (ou 1 sachet de sucre vanillé)
1 sachet de levure chimique

Pour la finition :
200 g de confiture d'abricots ou de fraises
200 g de noix de coco
Colorants alimentaires (facultatif)

• Notes :

1. Préchauffez le four th. 6 (180 °C). Recouvrez la plaque du four de papier sulfurisé.
2. Dans un saladier, mélangez le beurre ramolli avec le sucre et la vanille. Ajoutez l'œuf. Mélangez bien puis incorporez la levure, la Maïzena et la farine jusqu'à obtenir une pâte ferme et lisse.
3. Formez de petites boules de 2 cm de diamètre. Déposez-les, au fur et à mesure, sur la plaque.
4. Faites cuire 15 minutes au four, jusqu'à ce que les petites boules soient légèrement dorées. Laissez refroidir sur une grille.
5. Ajoutez quelques gouttes de colorant alimentaire dans la noix de coco. Mélangez bien avec vos mains. Liquéfiez la confiture au four micro-ondes pendant 1 minute.
6. Trempez les petites boules dans la confiture, puis collez-les 2 à 2 du côté plat.
7. Roulez-les généreusement dans la noix de coco colorée. Servez-les, le lendemain, dans des caissettes en papier.

Rfiss

Un dessert sain et nourrissant à emporter
ou à savourer à l'heure du thé.

20 minutes
5 minutes
30 rfiss

250 g de semoule moyenne

250 g de pâte de dattes tendre

100 g de beurre ramolli

2 c. à s. d'huile

1. Malaxez la pâte de dattes avec l'huile pour la rendre plus maniable.

2. Faites griller la semoule dans une poêle, tout en remuant, jusqu'à ce qu'elle prenne une belle couleur dorée.

3. Versez la semoule chaude dans un grand plat. Ajoutez le beurre ramolli. Frottez bien entre vos mains puis incorporez la pâte de dattes.

4. Amalgamez le tout avec vos mains, jusqu'à obtenir une pâte homogène.

5. Étalez la pâte au rouleau sur une épaisseur de 2 ou 3 cm, puis découpez des losanges. Laissez refroidir avant de servir.

• Notes :

Bradjs

30 minutes
10 minutes
20 bradjs

500 g de semoule moyenne

100 g de semoule fine

250 g de beurre ou huile

30 cl d'eau environ

Sel

Pour la farce :

500 g de pâte de dattes

1 c. à s. d'eau de fleur d'oranger

2 pincées de cannelle

1. Préparez la farce : malaxez, avec vos mains, la pâte de dattes, la cannelle et l'eau de fleur d'oranger. Huilez vos mains, puis étalez la pâte de dattes sur du papier sulfurisé, sur une épaisseur d'1 cm. Réservez.

2. Mélangez les semoules et le sel dans un grand plat. Faites un puits et versez au centre le beurre fondu. Frottez entre vos mains. Aspergez, peu à peu, d'eau, en malaxant jusqu'à obtenir une pâte consistante et non friable (ajoutez de l'eau si nécessaire). Divisez la pâte en 2 parties égales.

3. Étalez, à la main, une 1re boule en forme de galette ronde sur une épaisseur d'1 cm. Déposez, dessus, la pâte de dattes.

4. Étalez la 2e boule de pâte et recouvrez ainsi la pâte de dattes.

5. Passez un léger coup de rouleau pour uniformiser la galette sur une épaisseur de 2 cm. Découpez des rectangles ou des carrés.

6. Chauffez un tajine en fonte (ou une grande poêle), sans matière grasse. Faites cuire les 2 faces, en les retournant régulièrement, à l'aide d'une spatule. Servez tiède ou froid.

• Notes :

Cigares

Servis avec un bon thé
à la menthe, quel délice !

10 minutes
20 minutes
40 petits cigares

10 feuilles de brick

250 g de poudre d'amandes

50 g de pistaches concassées

50 g de sucre en poudre

2 œufs (+ 1 blanc pour coller les bricks)

200 g miel

10 cl d'eau de fleur d'oranger

Huile pour friture

1. Amalgamez les amandes avec le sucre et les pistaches. Incorporez les œufs, jusqu'à obtenir une pâte ferme.

2. Divisez 1 feuille de brick en 4 (pour 4 petits cigares). Déposez 1 cuillère de farce au centre de la mini-feuille. Abaissez les 2 côtés sur la farce, puis roulez de façon à obtenir un cigare. Recommencez l'opération, jusqu'à épuisement des feuilles de brick.

3. Collez l'extrémité des cigares avec du blanc d'œuf, pour qu'ils ne se détachent pas pendant la cuisson.

4. Chauffez l'huile dans une grande poêle et faites dorer les cigares. Égouttez sur un papier absorbant.

5. Versez le miel et l'eau de fleur d'oranger dans une casserole et portez 5 minutes sur feu doux, en remuant.

6. Plongez les cigares dans le miel. Laissez égoutter avant de servir.

• Notes :

Sfenj (gros beignets)

40 minutes
4 minutes
1 heure
15 sfenj

Moelleux à cœur…une évasion gourmande à savourer en famille !

500 g de farine

125 g de semoule extrafine

30 g de levure de boulanger

1 c. à s. de sel

30 cl d'eau (environ)

1 litre d'huile pour friture

Sucre glace pour la déco

1. Délayez la levure de boulanger dans ½ bol d'eau tiède. Versez la farine et la semoule dans un grand plat. Ajoutez le sel. Mélangez bien, puis incorporez la levure diluée dans l'eau.
2. Arrosez d'eau, peu à peu, en amalgamant la pâte. Puis pétrissez énergiquement, jusqu'à obtenir une pâte lisse, souple et élastique.
3. Couvrez d'un torchon propre puis laissez lever au moins 1 heure à température ambiante. La pâte doit doubler de volume.
4. Retravaillez la pâte et déposez-la sur un grand torchon propre.
5. Étalez la pâte avec le rouleau et découpez des beignets, à l'aide d'un emporte-pièce rond de 8 à 10 cm de diamètre (ou d'un bol). Laissez reposer 30 minutes.
6. Chauffez l'huile dans une grande poêle, puis faites frire les beignets des 2 côtés, jusqu'à ce qu'ils dorent légèrement.
7. Égouttez sur du papier absorbant. Saupoudrez de sucre glace avant de servir.

• Notes :

....

....

....

....

....

Tamina

20 minutes
5 minutes
6 personnes

Le mariage tendre et puissant
des saveurs orientales.

250 g de semoule fine

125 g de beurre

150 g de miel

1 c. à c. de cannelle

1 c. à s. d'eau de fleur d'oranger (facultatif)

1. Faites griller la semoule dans une poêle, tout en remuant, jusqu'à ce qu'elle prenne une belle couleur dorée. Réservez.

2. Versez le miel dans une casserole.

3. Ajoutez le beurre et l'eau de fleur d'oranger.

4. Portez sur feu doux et remuez jusqu'à ce que le beurre fonde. Incorporez alors la semoule.

5. Faites cuire 5 minutes, toujours sur feu doux, en remuant. La pâte doit être fluide sans être liquide.

6. Versez la tamina dans de petites assiettes creuses et décorez de cannelle.

7. Servez tiède ou froid (En refroidissant, la tamina deviendra plus solide).

• Notes :

....

....

....

....

....

Fondants au fromage

20 minutes
20 minutes
30 fondants

La savoureuse association du fromage avec les amandes et le miel en étonnera plus d'un !

250 g de farine

50 g de Maïzena

100 g de fromage fondu en portion

150 g de beurre fondu

4 c. à s. de sucre glace

1 goutte d'extrait de vanille

Pour la finition :

Miel et amandes concassées

Ou confiture et noix de coco

Ou sucre glace

• Notes :

1. Recouvrez la plaque du four de papier sulfurisé.
2. Mélangez le beurre, le sucre glace, la vanille et le fromage. Mélangez bien puis incorporez la farine et la Maïzena, jusqu'à obtenir une pâte homogène.
3. Préchauffez le four th. 5 (160 °C).
4. Farinez légèrement le plan de travail et étalez la pâte avec un rouleau sur une épaisseur d'1 cm.
5. Découpez des triangles à l'emporte-pièce et déposez-les, au fur et à mesure, sur la plaque.
6. Faites cuire 20 minutes au four, jusqu'à ce qu'ils soient légèrement dorés. Laissez refroidir.
7. Arrosez les gâteaux de miel et roulez-les dans les amandes concassées. Présentez dans des caissettes en papier.

Makrouts louz (amandes et sucre glace)

30 minutes
15 minutes
40 makrouts

Subtilement parfumés au citron,
vous n'en ferez qu'une bouchée.

300 g de poudre d'amandes

3 œufs

150 g de sucre en poudre

Le zeste de 3 citrons

250 de sucre glace

Pour le sirop :

200 g de sucre en poudre

40 cl d'eau

10 cl d'eau de fleur d'oranger

1. Recouvrez la plaque du four de papier sulfurisé.
2. Mélangez la poudre d'amandes avec le sucre et les zestes de citron. Incorporez les œufs, un par un, puis amalgamez le tout, jusqu'à obtenir d'une pâte lisse, consistante et non collante.
3. Farinez légèrement le plan de travail. Façonnez un boudin de pâte de 15 cm de longueur, et d'une épaisseur de 3 cm. Coupez des losanges et déposez-les au fur et à mesure sur la plaque. Recommencez l'opération jusqu'à épuisement de la pâte.
4. Déposez les losanges sur une plaque. Faites cuire 15 minutes au four. Retirez les makrouts dès que la surface est légèrement dorée. Laissez refroidir sur une grille.
5. Préparez votre sirop : versez l'eau, le sucre et l'eau de fleur d'oranger dans une casserole et portez à ébullition pendant 15 minutes.
6. Trempez les makrouts dans le sirop et roulez-les dans le sucre glace, laissez sécher. Au moment de servir, enrobez une nouvelle fois les makrouts dans le sucre glace.

• Notes :

....

....

....

....

....

Moelleux à l'orange

25 minutes
35 minutes
6 à 8 moelleux

L'orange saura apporter une agréable touche de fraicheur en bouche.

120 g de farine

150 g de beurre ramolli + 10 g (pour le moule)

150 g de sucre en poudre

2 œufs

1 sachet de levure chimique

Le zeste d'1 orange

Pour le sirop :

Le jus d'1 orange

40 g de sucre en poudre

1. Préchauffez le four th. 6 (180 °C). Beurrez les moules à muffins.

2. Lavez puis essuyez l'orange. Râpez finement le zeste, puis pressez l'orange pour en extraire le jus.

3. Écrasez le beurre mou à la fourchette. Ajoutez le sucre, les œufs et le zeste d'orange râpé. Mélangez le tout, puis incorporez la levure et la farine. Versez la pâte dans les moules. Faites cuire 30 minutes au four.

4. Versez le jus d'orange et le sucre dans une casserole. Portez 5 minutes sur feu doux, en remuant, pour faire fondre le sucre dans le jus.

5. Démoulez les moelleux puis arrosez-les de sirop. Laissez refroidir avant de servir.

• Notes :

....

....

....

....

....

Sablés aux noix

20 minutes
15 minutes
40 sablés

300 g de farine
200 g de noix en poudre
125 g de beurre fondu ou margarine
125 g de sucre glace
1 œuf
1 sachet de sucre vanillé

1. Travaillez le beurre fondu, le sucre glace et le sucre vanillé en crème. Incorporez l'œuf, puis la farine. Ajoutez enfin les noix et mélangez bien, jusqu'à obtenir une pâte ferme et lisse. Préchauffez le four th. 5 (150 °C). Recouvrez la plaque du four de papier sulfurisé.
2. Abaissez la pâte, à l'aide d'un rouleau, sur une épaisseur de 5 mm. Découpez des palais à l'aide d'un emporte-pièce et déposez-les, au fur et à mesure, sur la plaque. Faites cuire 15 minutes au four, jusqu'à ce que les gâteaux soient dorés. Laissez refroidir sur une grille.

Biscuits au citron

15 minutes
10 minutes
40 biscuits

200 g de farine
100 g de Maïzena
200 g de sucre glace
200 g de beurre ramolli
2 œufs
Le zeste d'1 citron
1 sachet de sucre vanillé
1 sachet de levure chimique
Sucre glace (déco)

1. Mélangez le beurre ramolli et le sucre glace. Ajoutez le sucre vanillé, les œufs et le zeste de citron. Mélangez bien. Incorporez la levure, la Maïzena et la farine et travaillez la pâte jusqu'à obtenir une pâte malléable et lisse. Préchauffez le four th. 5-6 (175 °C). Recouvrez la plaque du four de papier sulfurisé.
2. Formez des boules de la grosseur d'une noix que vous déposerez, au fur et à mesure, sur une plaque. Marquez-les avec le dos d'une fourchette, sans les aplatir. Faites cuire 10 à 15 minutes au four.Au moment de servir, saupoudrez les petits fours de sucre glace.

Thé à la cannelle

5 minutes
5 minutes
6 personnes

1 litre d'eau

1 bâton de cannelle

2 clous de girofle

2 c. à s. de sucre en poudre

2 c. à s. de thé vert ou blanc

1. Déposez le sucre, la cannelle et les clous de girofle dans le fond de la théière. Réservez.
2. Faites bouillir l'eau dans une casserole. Ajoutez le thé vert et laissez frémir pendant 5 minutes. Retirez du feu et versez le thé bouillant dans la théière. Couvrez et laissez infuser 10 minutes. Retirez le bâton de cannelle, mélangez bien et servez très chaud.

Thé à la menthe

5 minutes
5 minutes
6 personnes

1 litre d'eau

3 c. à s. de thé vert

6 c. à s. de sucre en poudre

Quelques feuilles de menthe fraîche

1. Faites bouillir l'eau dans une casserole.
2. Ajoutez le thé vert et laissez frémir pendant 5 minutes. Déposez la menthe dans le fond de la théière et versez-y le thé bouillant.
3. Ajoutez le sucre et laissez infuser 10 minutes. Mélangez bien avant de servir.

Thé au miel

5 minutes
5 minutes
6 personnes

1. Faites bouillir l'eau dans une casserole.
2. Ajouter le thé et laissez infuser 10 minutes. Versez le thé bouillant dans la théière. Ajoutez le miel et mélangez bien.
3. Servir aussitôt avec des rondelles de citron.

1 litre d'eau
2 c. à s. de thé blanc
3 c. à s. de miel
1 citron

Lait d'amande

10 minutes
6 personnes

1. Mélangez le sucre et les amandes et versez dans le mixeur.
2. Ajoutez l'eau et mixez le tout. Passez la préparation à la passoire puis ajoutez le lait et l'eau de fleur d'oranger.
3. Servez très frais.

50 cl de lait
50 cl d'eau
100 g de poudre d'amandes
100 g de sucre en poudre
5 c. à s. d'eau de fleur d'oranger

Collection cuisine

200 délicieuses recettes de yaourts
Fanny Matagne

200 recettes santé pour bébé
Catherine Chegrani-Conan

200 recettes express
Fanny Matagne

La cuisine facile des étudiants
Fanny Matagne

400 idées reçues sur l'alimentation
Catherine Chegrani-Conan

Les miracles du régime sans gluten et sans laitages
Frédérique Chevalier

Les miracles de la pomme
Frédérique Chevalier

Les miracles du son d'avoine
Fanny Matagne

Les miracles de l'agar-agar
Catherine Chegrani-Conan

Le régime probiotique
Claire Pinson

Les miracles du bicarbonate de soude
Frédérique Chevalier

Les miracles du Citron
Frédérique Chevalier

Les miracles de l'huile d'olive
Tina et Gareth Lofthouse

Agar agar, Son d'avoine, Stévia : les nouveaux miracles minceurs
Catherine Chegrani-Conan

www.city-editions.com/IDEO